Why bother with church?

교회, 나에게 필요한가?

Originally published by The Good Book Company

as *Why bother with curch?* © 2016 by Sam Allberry

Translated and printed by permission of The Good Book Company

Blenheim House, 1 Blenheim Road Epsom, Surrey KT19 9AP

United Kingdom

교회, 나에게 필요한가?

샘 올베리 지음 | 홍병룡 옮김

Why bother with church?

아바서원

목차

|

세인트 메리 교회 교인들에게

공원에 갈까, 교회에 갈까?

솔직히 말해 어떤 일요일에는 공원이 더 나은 선택처럼 보였다.

나는 옥스퍼드에 있는 한 교회에서 일하고 있었고 주일마다 아침 예배에 가는 길목에 공원이 있었다. 아름다운 공원이었다. 수영장, 테니스 코트, 보트 놀이 연못, 오리들이 가득한 호수, 놀이터, 공놀이할 만한 넓은 공간, 이런저런 구경거리를 즐길 수 있는 벤치들 등 웬만한 놀이기구를 다 갖춘 곳이었다. 화창한 일요일 아침에는 수많은 사람이 나와서 제각기 무언가를 즐기고 있었다.

그리고 나는 성경을 겨드랑이에 낀 채 교회를 향해 공원을 가로지르는 중이었다. 이런 의문이 떠올랐다. 만일 내가 목사가 아니라면 발걸음을 여기서 멈출까? 만일 내 수입이 교회 사역에 달려 있지 않다면 공원에 그냥 머물러 있을까?

공원은 교회만큼 노력할 만한 일이 없는 듯했다. 공원에서는 나를 근무 당번에 넣을 사람이 하나도 없는 것 같았다. 아무도 나에게 격주 일요일마다 테니스공을 줍거나 일찍 나와서 오리를 풀어놓으라고 요구하지 않을 것이다.

공원은 정말 신나는 곳처럼 보였다. 당신이 원하는 것, 얼마나 자주 갈지, 얼마나 오래 머물지를 당신이 선택할 수 있다. 테니스를 치고 싶은가? 와서 쳐라. 앉아서 책을 읽고 싶은가? 얼마든지 그렇게 해라. 그리고 다음 주에는 오지 않아도 괜찮다. 친구를 사귈지 여부도 당신 마음대로다.

공원은 또한 훨씬 더 정상적인 곳처럼 보였다. 아무도 거기에 간다고 나를 이상한 사람으로 보지 않을 것이다. 많은 친구도 오고 싶어 할 테다. 공원에 가는 것은 정상적인 21세기 생활방식의 일부이다.

교회는 갈수록 더 그렇지 않다.

이렇게 느끼는 그리스도인은 나만이 아닐 것이다. 우리

중 대부분은 공원과 같은 것을 갖고 있다. 우리 시대에는 교회에 대한 대안들, 매우 매력적이고 금방 즐길 수 있는 대안들이 수없이 많다. 스포츠, 늦잠, 쇼핑, 친구들과의 브런치, 취미생활 등 다양하다. 그리고 이런 대안이 점점 더 많아질수록 교회는 점점 더 시대에 맞지 않은 듯 보인다.

영국만 해도 1950년대에는 교회에 가는 것이 정상이었다. 영국 성인 중 이십오 퍼센트가 주일 예배에 참석했다고 하니까. 지금은 오 퍼센트에 불과하다. 이번 일요일 오전 11시가 되면 교회보다 슈퍼마켓에 있는 사람이 더 많을 것이다. 미국은 그 추세가 훨씬 약하긴 해도 동일한 방향으로 나아가고 있다. 우리가 교회에 신경 쓸 필요가 없는 이유가 너무 많다는 말이다.

교회는 노력이 필요하다. 때로는 힘들다. 그리고 정상과 거리가 멀다. 그런데 굳이 갈 필요가 있을까? 교회를 매주 우선에 둘 만한 이유가 있는가? 상당한 노력이 필요한데도 거기에 빠질 필요가 있을까? 공원은 이미 저기에서 우리를 기다리고 있는데….

이것이 이 책이 다루는 주제이다. 어쩌면 당신은 매주 교회에 의무적으로 출석했지만 왜 그래야 하는지 확신한 적이 없는 사람일 수 있다. 어쩌면 당신은 교회에 빠져서 열심히 섬기고 있지만 그만한 노력을 기울일 가치가 있는지 의구심을 품은 사람일 수 있다. 어쩌면 당신은 교회에 헌신했다 한동안 식어가는 사람일 수 있다. 또는 당신은 교회에 다니기 시작한 초신자라서 교회 생활에 대해 알고 싶은 사람일 수도 있다.

당신이 어떤 사람이든 간에 이 책이 당신에게 현실적이고 유용한 책이 되길 바란다. 아니, 교회에 신경 쓸 만하다고 생각할 뿐 아니라 흥분하는 지경까지 이르기를 바란다. 이 책의 마지막 행은 다음과 같다.

도대체 내가 교회에 신경 쓰지 말아야 할 이유가 있는가?

당신은 이런 생각과 거리가 먼데 어떻게 그 단계까지 이를 수 있을지 의아해할지 모른다. 글쎄, 이 책의 내용이 그 문제를 다루고 있다. 우선 그 내용을 두 단어 ― 무엇(what)과 누구의 것(whose) ― 로 요약할 수 있겠다.

우리가 교회가 무엇인지, 그리고 교회가 누구의 것인지를 알게 되면 일요일 아침에 공원(또는 다른 어떤 곳)에 가고 싶지 않을 것이다.

교회란 무엇인가?

1장

여러 해 동안 나는 일요일 아침마다 좋은 친구와 테니스를 쳤다. 늦잠을 포기한 채 매주 같은 시간에 동네 끝으로 걸어가서 그 친구를 만나 동네 테니스 클럽으로 향했다. 우리는 공을 몇 차례 주고받고 서로 소식을 나눈 후, 비가 내리거나 누군가 코트를 원하거나 나의 엉성한 첫째 서브로 공이 다 떨어질 때까지 몇 게임을 하곤 했다.

이후 나는 크리스천이 되어 교회에 다니기 시작했다. 그 친구는 이따금 나와 함께 교회에 오곤 한다. 그때부터 일요일 아침에는 어김없이 교회에 다녔다. 몇 년 후에는 내가 교회를 위해 일하게 된 바람에 교회는 내 직업의 일부가 되었다. 휴가와 병가를 고려해도 지난 이십 년 동안 내가 교회에 가지 않은 일요일은 거의 없었던 것 같다.

나의 일요일 일과가 별로 바뀌지 않았다고 말하는 사람도 있을 법하다. 한 취미를 다른 취미로 교체했을 뿐이라면서 말이다. 어쨌든, 나는 여전히 늦잠을 포기한다. 여전히 매주 같은 시간에 집을 나선다. 여전히 일단의 친구들과 만나고 거기서 서로의 소식을 나누고 있으니까.

교회를 하나님에 관한 일을 취미로 삼는 사람들이 모이는 장소로 생각하기가 쉽다. 겉으로 보면 교회는 테니스 클럽과 매우 비슷하다. 관심을 공유하기 때문에 다 함께 모이는 사람들, 지역 사회에서 인지도를 높이기 위한 행사 개최, 더 많은 회원을 모집하려는 노력, 의사록과 서기를 수반하는 모임, 외부인이 당황할 만큼 세부사항에 휘말리는 모습 등이 그렇다. 물론 섬기는 일도 많다.

그런데 표면 아래를 살펴보면 많은 일이 벌어지고 있다.

'교회'란 단어는 요즘 너무 친숙해서 우리는 그게 무슨 뜻인지 생각해보지 않는다. 그래서 우리도 모르는 사이에 이 단어를 오용할 수 있다. 지금이라도 잠시 생각해보라. 교회가 무엇인지를 한 문장이나 한두 마디로 요약해보라.

교회는 특정한 모임이다

우리가 보통 '교회'로 번역하는 신약성경의 그리스어 단어는 '에클레시아'로 '집회' 내지는 '모임'이란 뜻이다. 그 단어는 신약성경 시대에 종교적인 단어가 아니었는데, 이는 성경에 잘 나타난다. 사도행전 19장에는 '에클레시아'가 두 번 사용되고 있다. 둘 다 주일 아침 11시에 어느 도시의 어떤 교회에서 모이는 집회를 가리키지 않는다. 저자인 누가는 에베소로 향한 바울의 선교 여행을 얘기하는 중이고, 바울은 복음을 전하다 폭동을 촉발시켰다. 누가는 군중의 혼란을 이렇게 묘사한다.

극장 안에서는 더러는 이렇게 외치고, 더러는 저렇게 외치는 바람에, 모임은 혼란에 빠지고, 무엇 때문에 자기들이 모여들었는지조차 알지 못하는 사람이 많았다. (사도행전 19:32)

지방 관리가 마침내 개입해서 군중을 진정시켰다. 그는

그들에게 이렇게 말한다.

> 그러므로 데메드리오와 그와 함께 있는 직공들이 누구를 걸어
> 서 송사할 일이 있으면, 재판정도 열려 있고 총독들도 있으니,
> 당사자들이 서로 고소도 하고, 맞고소도 해야 할 것입니다. 여
> 러분이 이 이상으로 해결하고자 하는 어떤 문제가 있으면, 그것
> 은 정식 집회에서 처리되어야 할 것입니다. (사도행전 19:38~39)

이 두 대목에서 누가는 '에클레시아'란 단어를 사용한다.
전자에서는 폭동에 가담한 군중을, 후자에서는 법적 기구를
가리킨다. 두 경우 모두 그 목적과 구성원과 상관없이 일단
의 사람들의 집회('교회')를 묘사하고 있다.

그런데 초기 크리스천들이 정기적으로 다 함께 모이는
습관을 유지했기 때문에 '에클레시아'는 점점 더 기독교 집
회를 가리키는 말이 되었다. 하나님을 예배하고 서로를 섬
기기 위한 신자들의 주간 모임을 언급하게 된 것이다. 예컨
대, 사도행전 5장 11절에서 누가는 바로 이 단어를 사용해
서 "온 교회와 이 사건을 듣는 사람들은 모두 크게 두려워하
였다"고 쓸 수 있게 되었다.

그 단어를 지금은 기독교가 인수한 셈이다. 교회 생활과 관련된 많은 단어가 '에클레시아'에서 유래되었다. '교회론'(ecclesiology)은 성경에 나오는 교회에 관한 교리를 묘사하고, '교회의'(ecclesiastical)란 단어는 교단 내지는 지역 교회와 관련된 사안을 언급한다.

'에클레시아'가 교회를 가리키는 신약성경 단어란 사실은 교회의 본질에 대해 중요한 사항을 시사한다. 교회는 기독교 신자들의 특정한 집회이다. 즉, 예수님 안에서 "하나님의 나라가 가까이 왔다"는 약속을 듣고, 예수님을 그들 인생의 왕으로 영접하고 그분을 영생을 주시는 구원자로 신뢰함으로써 "회개하고 복음을 믿으라"는 그분의 명령에 순종한 사람들의 집회인 것이다. 교회가 특별한 집회인 것은 어떤 맥락이든 두세 사람의 크리스천이 모인다고 교회로 간주될 수 있는 것은 아님을 성경에 근거해 분명히 알 수 있기 때문이다. 슈퍼마켓에서 우연히 크리스천 친구를 만나 교제했다고 해서 그곳이 교회가 되는 것은 아니다.

이제 성경을 더 살펴보면 교회를 독특한 집회로 만드는 것이 무엇인지 알 수 있다. 하나님은 노예 상태로 있던 이스라엘을 이집트에서 구출한 후 모두 시내 산의 기슭으로 데

려오셨다. 그들이 그 광야에서 진을 치고 있는 동안 모세는 하나님과 만나러 산 위로 올라갔다(출애굽기 19:1~6). 당시에 하나님이 그의 선민인 이스라엘 백성에게 말씀하셨고, 그들을 그분께 속한 유일한 백성으로 밝히셨고, 그분을 섬기라는 사명을 주셨다. 또한 그들에게 하나님의 율법, 즉 구출받은 그의 백성으로 살 때 규범으로 삼아야 할 법을 주시기도 했다. 이 율법은 그들의 정체성을 밝혀주고 하나님의 백성이란 신분에 걸맞는 생활 방식을 가르치는 역할을 했다.

성경은 훗날 이 집회를 교회의 원형(原型)으로 본다. 당시를 언급하는 신약의 저자들은 시내 산에서 일어났던 일을 묘사하기 위해 바로 '에클레시아'란 단어를 사용했다[예, 사도행전 7장 38절에서 스데반은 시내 산에서 하나님 백성의 집회를 '교회'(개역개정)로 묘사한다]. 시내 산 기슭에서 하나님의 백성은 다 함께 '교회'로 모였던 것이다. 그리고 교회로 모였다는 말은 커피를 마시며 어울리고 최근의 스포츠 소식을 주고받는 것 이상을 의미한다. 이 집회의 특징은 하나님의 임재 안에 있고, 약속과 인도를 담은 그분의 말씀을 받고, 그분의 백성으로 구성되는 것에 있었다. 신약성경이 교회로 묘사하는 크리스천의 주간 집회는 이 순간의 재연이라 할 수 있다. 크리스천들은 하나님의 말씀을 새롭게 받고, 그분의 것으로 재구성되고 재임명받기 위해 하나님의 백성으로 모이는 것이다. (여기에 무엇이 포함되는지는 나중에 살펴보겠다.)

교회는 전초기지다

지역에서 매주 모이는 하나님 백성의 집회는 그저 구약 성경의 중요한 순간을 시연하는 것이 아니다. 그런 집회는 보편적이고 초시간적인 무언가가 시간대 내에서 지역적으로 표출된 모습이다. 전(全) 시대에 걸친 모든 하나님의 백성이 하나님의 교회를 구성한다. 이를 때때로 보편 교회(universal church)라고 부른다. 영적으로, 크리스천들은 하나님 아버지의 오른편에 그리스도와 함께 앉아 있다(에베소서 2:6). 우리가 이 땅의 어디에 있든지 우리는 방대한 초자연적인 영적 집회의 일부이고, 시내 산의 집회는 그 집회의 맛보기일 뿐이다.

여러분이 나아가서 이른 곳은 시내 산 같은 곳이 아닙니다. 곧 만져 볼 수 있고, 불이 타오르고, 흑암과 침침함이 뒤덮고, 폭풍

이 일고, 나팔이 울리고, 무서운 말소리가 들리는 그러한 곳이 아닙니다. 그 말소리를 들은 사람들은 자기들에게 더 말씀하시지 않기를 간청하였습니다.

그러나 여러분이 나아가서 이른 곳은 시온 산, 곧 살아 계신 하나님의 도성인 하늘의 예루살렘입니다. 여러분은 축하 행사에 모인 수많은 천사들과 하늘에 등록된 장자들의 집회와 만민의 심판자이신 하나님과 완전하게 된 의인의 영들과 새 언약의 중재자이신 예수와 그가 뿌리신 피 앞에 나아왔습니다. (히브리서 12:18~19, 22~24a)

우리의 산은 지상의 물리적인 것이 아니라 하늘의 것이다. 이것이 보편 교회이다. 어떤 의미에서, 그리스도 안에서 우리는 이미 거기에 있다. 그러나 또 다른 의미에서는 우리가 아직 거기에 있지 않다. 그래서 지역 교회는 이 궁극적 교회의 전초기지인 것이다. 바울은 고린도에 사는 크리스천들에게 편지를 쓸 때 "고린도에 있는 하나님의 교회"(고린도전서 1:2)라고 쓴다. 이 신자들은 어쩌다 고린도에 있게 된 것이다. 고린도가 그들이 몸담은 지상의 물리적 위치이다. 그래서 그들은 그 장소에서 '하나님의 교회'를 구성한다.

바울은, 마치 하나님의 교회가 모든 지역 교회를 다 합쳐 놓은 것처럼, 그들을 하나님의 교회의 "일부"라고 말하지 않는다. 아니, 지역 교회는 그 특정한 지역에 있는 하나님의 교회이다. 그들은 고린도에 있는, 보편 교회의 구현체인 것이다. 교회는 하나님이 그리스도를 통해 창조하고 계시는 이 새로운 사회의 대사관과 같은 기능을 한다. 런던 소재 미국 대사관을 외국에 있는 미국 영토의 일부로 간주하듯이, 지역 교회는 이 세계에 있는 하늘 영토의 작은 일부이다.

그러므로 교회는 하나님의 백성이 그분의 백성으로서, 그분의 임재 안에서, 그분의 말씀을 듣고 반응하기 위해 특정한 장소에서 모이는 집회이다. 이로부터 두 가지 사항이 나온다.

첫째, 교회는 하나님의 백성이 모임을 갖는 건물이 아니다. 우리는 흔히 그런 식으로 말하지만("저건 아름다운/위압적인/무너지는 교회이다"), 이는 성경적으로 정확한 표현이 아니다. 교회는 건물 자체가 아니라 거기서 모이는 사람들이다. 사람들이 교회에 들어가는 것이 아니라 교회가 건물에 들어가는 것이다. 실은 특정한 건물이 꼭 필요하지 않다. 아프리카의 많은 곳에서는 크리스천들이 큰 나무 아래서 매주 모이고 있다. 야외에서 또는 누군가의 집에서 모이기도 한다.

둘째, 교회는 교단이 아니다. 나는 영국국교회(the Church of England)에 속한 교회에서 목회한다. 영국국교회는 내가 어쩌다 속하게 된 교단이다. 이 교단은 내가 좋아하는 면이 많지만(내가 예전보다 덜 좋아하는 방향으로 계속 변하고 있어도) 그 이름은 별로 좋아하지 않는다. 잘못 붙인 이름이다. 이는 교회들의 협의체이다. 성경적으로 말하면, 그것은 하나의 조직이지 그 자체가 교회는 아니다. 교단의 대표들이 그 조직을 위해 발언할 때는 영국의 모든 크리스천을 위해 발언하는 게 아니고 영국의 모든 지역 교회를 위해 발언하는 것은 더더욱 아니다. 그보다 나은 이름은 '영국의 성공회 교단'일 것이다.

교회는 가족이고 대사관이다

바울은 디모데 목사에게 보낸 편지에서 교회 지도자의 능력에 대해 이렇게 말한다.

자기 가정을 잘 다스리며, 언제나 위엄을 가지고 자녀들을 순종하게 하는 사람이라야 합니다.(자기 가정을 다스릴 줄 모르는 사람이 어떻게 하나님의 교회를 돌볼 수 있겠습니까?) (디모데전서 3:4~5)

바울의 취지는 간단하다. 집안이 생물학적 가족이듯이 교회는 영적인 가족이라는 것이다. 이 대목에서 나중에 바울은 교회를 '하나님의 가족'으로 묘사한다(디모데전서 3:15).

교회는 하나님의 가족이다. 이는 인간의 기관에 서명한 사람들, 또는 기독교 윤리와 교회 생활에 그저 공감하는 사람들이 아니다. 교회는 하나님 아들의 화해 사역을 통해 하나님의 가족으로 영입된 사람들이다. 우리가 하나님에 의해 그의 자녀들로 입양되었다는 것은 그의 가족으로 입양되었다는 뜻이다. 즉, 우리는 가족 공동체의 일원이 되었다. 하나님이 사람들을 자신에게 이끄실 때는 그들을 가족 안으로 이끄시는 것이다.

모든 가족은 외모나 버릇 등에서 닮은꼴이다. 교회의 한 가지 특징은 '진리'이다. 이 대목에서 바울은 교회를 이렇게 묘사한다. "이 가족은 살아 계신 하나님의 교회요, 진리의 기둥과 터입니다"(디모데전서 3:15).

교회가 진리에 의존해 있다는 것은 무척 자명하다. 애초에 교회를 존재케 하는 것도 진리이고 교회의 바람직한 모습을 빚어내는 것도 진리이다. 그러나 하나님의 진리가 교회에 의존하는 것도 사실이다. 교회가 진리가 무엇인지를 승인하거나 결정하는 게 아니라, 교회는 하나님의 진리를 세상 속으로 퍼뜨리는 수단이란 뜻이다. 교회는 하나님의 진리를 위한 지상의 출구이고 그분을 대변하는 대사관이다. 물론 크리스천 개개인도 그렇다. 하지만 진리를 받들고 세상에 권유하는 일은 일차적으로 신자들이 제각기 하는 일보다는 교회의 교회다움을 통해 이뤄진다.

이것이 교회가 그토록 중요한 이유 중의 하나다. 하나님께 버림받은 장소 같은 것은 없지만(하나님이 어디에나 계심을 감안하면) 교회에 버림받은 장소는 있다는 말을 들은 적이 있다. 어느 지역에 교회가 없다는 것은 하나님의 선하심과 사랑이란 진리에 접근하는 길이 없다는 뜻이다. 교회가 없다는 것은 괜찮은 슈퍼마켓이나 영화관이 없다는 것과 다르다. 오히려 병원이나 수원지가 없다는 것과 비슷하다. 교회는 일종의 필수품과 같다.

교회가 우선으로 필요하다는 점은 신약성경 전체에 나타난다. 교회는 모든 곳에 필요하다는 말이다. 바울이 젊은 동료인 디도에게 준 다음 지시에 대해 생각해보라.

내가 그대를 크레타에 남겨둔 것은 남은 일들을 정리하고, 내가 지시한 대로 성읍마다 장로들을 세우게 하려는 것입니다. (디도서 1:5)

여기서 바울이 "교회마다 장로들을"이라고 말하지 않는다는 점을 주목하라. 교회에는 리더십이 필요하다(이는 나중에 살펴볼 것이다). 그러나 바울의 취지는 그보다 더 넓다. 각 교회에 리더가 필요할 뿐 아니라 각 성읍에 교회가 필요한 것이다. 바울의 관심사는 선교이다. 복음이 크레타의 도심지들에 침투하려면 성읍마다 적어도 한 교회가 필요하다. 교회는 모든 지역에 복음을 전하는 하나님의 통로이다.

이는 바울의 선교 활동에 잘 드러난다. 바울은 한 도시에서 시간을 보낼 때 그저 여기저기서 소수의 제자를 만든 것으로 자기의 임무를 다했다고 생각하지 않는다. 그는 한 집회(교회)를 만들고 그들을 감독하고 지도할 장로들을 임명한다. 그는 회심자를 바랄 뿐 아니라 교회도 개척한다.

세상은 내가 다녔던 옛 테니스 클럽이 굳이 필요하지 않왔다. 그리고 내가 그 테니스 클럽에 헌신할 필요도 없다(내가 없어도 잘 굴러간 것 같다). 반면에 세상은 교회가 꼭 필요하다. 나의 지역 사회도 내가 속한 지역 교회가 필요하다. 당신의 지역 사회 역시 당신의 교회가 필요하다. 교회는 하나님이 세상에서 행하시는 일의 기초와 중심이 되기 때문이다.

교회는 예수님의 신부다

성경의 마지막 부분에는 늙은 사도 요한이 미래를 얼핏 보는 장면이 나온다. 하나님의 백성이 영원히 누릴 우주를 하나님이 재창조하는 날에 일어나는 일이다. 참으로 놀라운 장면인데, 그중에 하나는 교회 ― 계시록이 "새 예루살렘"이라 부르는 것 ― 의 모습을 묘사하는 대목이다.

나는 새 하늘과 새 땅을 보았습니다. 이전의 하늘과 이전의 땅이 사라지고, 바다도 없어졌습니다. 나는 또 거룩한 도성 새 예루살렘이, 남편을 위하여 단장한 신부와 같이 차리고, 하나님께로부터 하늘에서 내려오는 것을 보았습니다. (요한계시록 21:1~2)

교회는 아름다운 신부이다. 누구의 신부인가? 요한은 이미 알고 있다.

> 기뻐하고 즐거워하며, 하나님께 영광을 돌리자. 어린 양의 혼인
> 날이 이르렀다. 그의 신부는 단장을 끝냈다. 신부에게 빛나고
> 깨끗한 모시옷을 입게 하셨다. 이 모시옷은 성도들의 의로운 행
> 위다. (요한계시록 19:7~8)

교회는 어린양의 아름다운 신부이다. 바로 예수님의 신부
인 것이다. 그래서 예수님이 재림하는 날은 혼인 잔치의 날
이 될 것이다. 크리스천들은 그 혼례식에 하객이 아닌 신부
로 초대를 받았다. 우리 중에 아무도 뒷문으로 몰래 하늘에
들어갈 필요가 없을 것이다. 오히려 우리는 결혼식장의 통
로를 따라 걸어 들어갈 것이다.

이 모든 것이 우리에겐 어색해 보인다. 우리에게 익숙한
것은 하나님의 아들과 그의 교회의 결혼이 아니라 두 사람
간의 결혼이기 때문이다. 그런데 사실상 인간의 결혼은 더
위대한 이 결혼의 그림에 불과할 뿐이다(에베소서 5:22~23).
후자가 궁극적인 관계, 즉 영원토록 이어지는 유일한 결혼
이다.

예수님이 교회에 얼마나 헌신했는지 알고 싶다면 이렇게 답변할 수 있겠다. 예수님은 교회를 창조하고 그냥 내버려 두지 않는다. 그분은 교회와 결혼한다. 그분은 전능한 왕일 뿐 아니라 우리의 완벽한 남편이기도 하다. 이만큼 교회의 각 교인에 관한 관심이 크다. 물론 지역 교회에 대한 관심도 마찬가지다. 우리에게도 영원히 그만큼 헌신하신다.

교회가 누군지를 우리가 이해하면 이는 더더욱 놀라운 진리다. 종말에 있을 어린 양의 혼인 잔치에서 교회는 아름다운 모습을 지닐 것이다. "신부에게 빛나고 깨끗한 모시 옷을 입게 하실"(요한계시록 19:8) 것이기 때문이다. 교회의 장래 모습에 대한 이 약속은 언젠가 교회가 완전하게 될 것임을 보증해준다. 그러나 이는 또한 교회가 현시대에는 여전히 매우 불완전하다는 점을 상기시킨다. 교회는 언젠가 갖출 그 아름다움을 아직 갖추지 못하고 있다. 우리는 하나님의 백성이란 놀라운 신분과 더불어 상당한 꼴사나움과 실패도 갖고 있다. 즉, 아직 바람직한 신부의 모습을 지니지 못한 상태이다.

구약성경에서 하나님은 그의 백성의 모습을 보여주기 위해 인간의 결혼을 사용하셨다. 그분의 선지자인 호세아에게 이렇게 말씀하셨다.

> 너는 가서 음란한 여인과 결혼하여, 음란한 자식들을 낳아라!
> 이 나라가 주를 버리고 떠나서, 음란하게 살고 있기 때문이다.
> (호세아서 1:2)

호세아의 아내는 남편 몰래 바람을 피우는 간부(奸婦)였
다. 그리고 하나님은 그의 백성이 과거에서나 지금이나 영
적인 간부라고 말씀하고 계신다. 하나님보다 다른 것을 더
사랑하는 것, 하나님에 대해 바람을 피우는 것, 그것이 바로
죄의 본질이다. 영적으로 말하면, 교회는 부정(不貞)하다.

하지만 예수님은 교회의 남편이다. 그리고 호세아가 "너
는 다시 가서, 다른 남자의 사랑을 받고 음녀가 된 그 여인
을 사랑하여라"(3:1)는 말씀과 함께 보냄을 받은 것처럼, 우
리의 모습에도 불구하고 예수님은 여전히 우리를 사랑하신
다. 그리고 호세아가 아내와 다시 살기 위해 "은 열다섯 세
겔과 보리 한 호멜 반"(2절)이나 되는 많은 돈을 지불해야 했
던 것처럼, 예수님은 우리를 그분과 영원히 살게 하려고 그
의 목숨 ― 최고의 값 ― 을 지불하셨다. 그는 그의 교회를

그만큼 사랑하신다. 이 관계에서 우리가 가져가는 것은 우리의 필요와 우리의 죄책뿐이다. 반면에 그분은 자유, 값진 '의복', 그리고 그분과 함께하는 영원한 미래를 가져오신다.

그러므로 교회는 예수님의 사랑받는 신부이다. 교회는 그분의 취미가 아니라 그분의 결혼이다. 우리의 결혼이기도 하다. 교회의 뜻을 이런 식으로 생각해보면 무척 흥분된다. 우리가 그의 백성으로서 어떤 존재인지를 알면 더욱 그런 느낌이 든다. 우리가 주일에 다 함께 모여 우리 자신을 바라보고, 우리가 그분 앞에서 누군지를 생각하면 놀랍기 그지없다. 우리는 그분의 말씀을 통해 그분이 누군지를 듣고 찬송가로 그분에 대해 노래하고, 우리가 그의 신부의 일부란 진리를 접하면 경외심을 품지 않을 수 없다. 그러면 우리는 예수님이 그의 교회를 위해 죽을 만큼 교회를 사랑했다는 것을 알고 날마다 안심하며 살게 될 것이다.

교회는 유익보다 해를 더 끼치지 않았는가?

'교회'의 행적을 보면 흠이 없지 않았다. 다수의 대표적인 교단들에 오점을 남긴 섹스 스캔들을 들 수 있다. 중세의 십자군, 1500년대와 1600년대의 종교재판소, 또는 북아일랜드에서의 20세기 분쟁 등을 떠올릴 수 있다. 그리고 거듭해 헤드라인을 장식한 위선과 판단주의도 생각난다. 이 모든 것을 볼 때, 교회가 그 가치에 비해 문제점이 많음을 추측할 수 있다.

그리스도의 이름으로 크리스천들이 잘못을 저지른 순간들을 인정하는 것이 매우 중요하다. 하지만 다음 두 부류를 구별하는 것도 그에 못지않게 중요하다. 한 부류는 참된 크리스천이었지만 큰 잘못을 범한 자들이고, 다른 부류는 크리스천이라 주장하고 '교회'의 이름으로 행했지만 실은 그리스도를 왕과 구원자로 모시지 않고, 그분의 말씀에 따라 살지도 않은 자들이다. 그런 불미스러운 일이 일어났다는 사실을 우리가 부인하면 안 된다. 크리스천들이 주님의 이름을 영화롭게 하지 못한 경우가 많이 있었다. 이런 사실을 얼버무리려는 것은 전혀 도움이 안 된다.

그러나 우리가 이런 실패에 대해 솔직한 태도를 취하는 한편 몇 가지 복음의 진리들을 기억하는 것도 유익하다. 일반 은총과 죄는 둘 다 보편적이다. 일반 은총이란, 모든 사람이 죄인임에도 불구하고 아무도 항상 최악의 죄인은 아니라는 뜻이다. 하나님이 우리를 억제하셨기 때문이다. 우리는 하나님께 반역한 상태에 있으면서도 친구를 돌보고 일을 잘 수행하는 사람이 될 수 있다. 이와 동시에, 우리가 하나님에 대한 반역을 포기하고 그분의 통치 아래 들어간다고 ― 그분의 교회에 합류한다고 ― 해서 더는 죄인이 아닌 것은 아니다. 우리 중에 그리스도가 재림하실 때 그분 앞에 서는 날까지 완전해질 사람은 하나도 없다.

따라서 언제나 교회 밖에도 인간적인 선(善)이 있고 교회 안에도 죄가 있을 것이다. 우리의 관심사는 모든 크리스천이 항상 모든 비(非)기독교인보다 낫다는 것을 증명하는 일이 아니다. 어느 크리스천이라도 완벽하게 복음을 실천하는 것은 불가능하다. 우리가 그런 수준에 만족하면 안 되지만 그 사실을 시인할 필요는 있다.

우리는 또한 성경이 자주 또 강력하게 위선과 독선의 죄를 비판하고 있음을 기억할 필요가 있다. 구약의 선지자들은 이방인의 죄보다 하나님 백성의 죄를 비난하는데 훨씬 더 많은 시간을 썼다. 예수님이 가장 강하게 질책한 대상도 비종교인이 아니라 종교인이었다. 크리스천은 설사 일관성이 부족할지라도 그 상태에 안주하면 안 된다. 크리스천이 난폭하고 판단적인 태도를 취하는 것은 예수님께 순종하는 게 아니라 그분의 가르침을 무시하는 행태이다.

이처럼 크리스천들과 교회는 실패를 거듭했음에도 불구하고 복음에 따라 선행을 실천한 경우도 많았다. 물론 교회는 잘못을 범한 죄과가 있다. 모든 잘못이 다 드러나는 것은 아닌 만큼 우리가 아는 것보다 더 나빴을 가능성도 있다. 그러나 교회가 우리의 생각보다 훨씬 더 나빴을지언정 훨씬 더 좋았던 면도 있다. 노예제 폐지 운동의 선두에 섰던 자들은 ─ 성경을 믿는 ─ 크리스천들이었다. 노예를 해방하려고 그들을 샀던 이들도 초기 크리스천들이었다. 미국 민권 운동의 중심에 있었던 자들, 남아공의 인종 차별 정책 이후에 화해 운동을 이끌었던 자들도 크리스천들이었다. 오늘날 전 세계에서 대규모 자선사업을 펼치는 주체들도 기독교 단체들인데, 이들은 종종 보도되지 않아 주목받지 못할 뿐이다.

교회가 해를 끼친 것은 교회 역시 죄인들로 구성되어 있기 때문이다. 하지만 그 이야기가 전부는 아니다. 왜냐하면 교회는 점점 더 예수님을 닮아가는 구원받은 사람들로 구성되어 있기 때문이다. 그리고 결국, 우리가 전파하는 것은 교회가 아니라 그리스도이다. 우리가 주장하는 것, 우리의 말과 행위로 사람들에게 가리키는 것은 — 우리의 행적이 아니라 — 바로 그리스도의 삶과 죽음과 부활이다.

나는 왜 교회가 필요한가?

2장

다음 대화는 내가 수년간 수없이 나눈 것이다. 대상은 미용사, 열차 옆자리에 앉은 사람, 파티에서 만난 사람 등 다양했다. 얘기를 시작하다 내가 목사라는 걸 밝히면 그들은 기독교에 대해 온건하게 말하다가 이런 식으로 덧붙인다.

"나는 예수를 따르지만, 교회에는 가지 않아요. 굳이 교회에 반대하진 않아도 나에겐 교회가 필요 없을 뿐입니다. 나 홀로 있는 게 좋아요."

나는 교회 없이 크리스천으로 살 수 없을까?

성경 전체는 하나님의 백성을 만들고자 하는 하나님의 계획을 보여준다. 이는 매우 중요하다. 하나님의 목적은 사람들이 개별적으로 그분과 관계를 맺게 하는 게 아니라 다함께 그분의 소유가 되는 한 백성이다. 하나님은 아브라함에게 장차 '큰 민족'의 아버지가 되게 해주겠다고 약속하셨다(창세기 12:2). 성경의 끝부분에서 사도 요한이 본 하늘의 환상은 "아무도 그 수를 셀 수 없을 만큼 큰 무리"가 다 함께 하나님께 경배하는 모습이다(요한계시록 7:9). 하나님은 항상 그분을 위한 백성이 있을 것이라고 약속해오셨다.

이는 하나님의 사역이 사람들을 하나님께로 이끄는 것과 더불어 그의 백성을 서로에게 인도해주심을 포함한다는 뜻이다. 하나님이 사람을 구원하실 때는 그들을 하나로 모으신다. 그리스도에게 오는 개개인은 다 함께 모이게 된다.

오늘날 서양 문화의 특징 중 하나는 개인주의다. 17세기에 철학자 르네 데카르트가 하나님에 대한 변호를 시작하며 "나는 생각한다, 고로 존재한다"란 말을 했는데, 이는 하나의 추세를 촉발한 언사였다. 인생의 질문들에 대한 답변을 '나'로 시작했기 때문이다. 요즘 우리는 모든 실재의 기본 단위를 '나'로 생각하는 경향이 있다. 다른 모든 것은 나와의 관계에 따라 규정된다.

테크놀로지가 이런 추세를 가속했다. 우리가 즐기는 연예, 의사소통, 책, 취미, 재정, 일, 생활방식은 점점 더 개인 중심이 되어가고 있다. 이전 세대는 다 함께 모여 TV를 시청했을 것이다. 그 이전 세대는 다 함께 모여 라디오를 청취했을 것이다. 지금은 둘 다 우리가 어디서나 홀로 할 수 있다.

그렇다고 테크놀로지가 나쁘다는 말은 아니다 (나는 이 글을 스마트폰에 저장한 메모들을 바탕으로 노트북에 쓰고 있다). 그러나 크리스천의 삶을 그런 사고방식으로 접근하는 것은 상당히 위험하다. 아니, 우리는 팟캐스트를 통해 최고의 성경 가르침을 얻을 수 있지 않은가. 최고의 최신 경배 음악을 다운로드 할 수 있지 않은가. 우리가 어디에 있든지 기도할 수 있지 않은가. 나는 주일 아침 침대에 누운 채 '교회 예배'에 참석할 수 있다. 그런데 굳이 억지로 일어나서 그 가르침과 음악이 뒤떨어지는 교회에 갈 필요가 있을까? 예수님만 붙들면 되지 않는가? 기독교는 크리스천들을 꼭 수반해야 하는가?

신약성경은 이런 본능에 대해 두 가지 중대한 진리로 도
전한다.

**1. 당신은 하나님의 백성을 가까이하지 않은 채 그리스도께 나올
수 없다.**

바울은 우리와 그리스도의 관계가 우리의 상호관계에 영
향을 미친다는 것을 보여준다.

> 여러분은 모두 그 믿음으로 말미암아 그리스도 예수 안에서 하
> 나님의 자녀들입니다. 여러분은 모두 세례를 받아 그리스도와
> 하나가 되고 그리스도를 옷으로 입은 사람들이기 때문입니다.
> 유대 사람도 그리스 사람도 없으며, 종도 자유인도 없으며, 남
> 자와 여자가 없습니다. 여러분 모두가 그리스도 예수 안에서 하
> 나이기 때문입니다. (갈라디아서 3:26~28)

우리 크리스천들은 그리스도와 연합한 상태이다. 우리는
그분과 연합하는 세례를 받았고 그분으로 옷 입었기 때문이
다(이는 그분이 우리에게 그의 완벽한 이력을 주시고 우리로 점점 더 그분을
닮아가게 한다는 뜻이다). 그리고 예수님과 연합했다는 말은 우리

가 예수님과 연합한 다른 모든 사람과 연합되어 있다는 뜻이다. 우리는 "모두 그리스도 예수 안에서 하나이다."

이 진리는 범세계적인 보편 교회에 해당한다. 그리스도에 대한 믿음을 통해, 우리는 어쩌면 결코 만나지 못할 세계 전역의 크리스천들과 하나가 된 것이다. 우리가 세계 어느 곳에 있든지 가족과 가까이 있는 것이다. 그런데 이 하나 됨을 특별히 표현하고 실행할 곳은 바로 지역 교회이다.

바울은 교회를 인간의 몸에 비유한다.

> 이와 같이, 우리도 여럿이지만 그리스도 안에서 한 몸을 이루고 있으며, 각 사람은 서로 지체입니다. (로마서 12:5)

이 말씀의 함의를 주목하라. 우리가 다 함께 한 몸을 이룬다는 것은 우리에게 의무를 부여한다는 뜻이다. 우리는 몸의 나머지 부분에 속해 있다. 그리스도 안에 있으면서 다른 이들에게 속하지 않는 것은 불가능하다. 크리스천은 당연히 다른 크리스천들과 관계가 있고 그들에게 책임이 있다. 당신은 그리스도의 사람이라 주장하면서 그의 백성을 피할 수는 없는 법이다. 만일 하나님이 당신의 아버지라면 그의 백성은 당신의 가족이고, 당신은 당신의 가족을 아버지가 원하는 대로 대해야 한다.

그러므로 교회는 당신이 참석하는 모임이 아니라 당신이 속한 몸이다.

바울은 또한 이 개념을 바탕으로 교회를 '그리스도의 몸'으로 묘사한다(고린도전서 12:27). 이는 바울이 부활한 그리스도를 처음 만난 때부터 그의 의식에 새겨진 통찰이다. 예수님이 바울에게 나타났을 때는 바울(당시는 '사울')이 기독교를 박멸하려고 공격적으로 또 조직적으로 설쳤던 시기였다. 예수님이 바울에게 하신 말씀은 그의 생애를 바꿔놓는 놀라운 일침이었다. "사울아, 사울아, 네가 왜 나를 핍박하느냐? … 나는 네가 핍박하는 예수다"(사도행전 9:4~5). 두 번이나 예수님은 그를 핍박하는 바울을 나무란다. 그 함의는 분명하다. 바울은 교회를 핍박함으로써 예수님을 핍박하고 있었다는 것이다. 예수님과 그의 백성의 관계는 너무나 밀접해서 당신이 그들에게 행하는 것은 곧 그분에게 행하는 셈이다.

이 통찰은 바울을 떠난 적이 없으므로 우리를 떠나서도 안 된다. 그리스도는 자신을 그의 백성과 동일시하신다.

2. 당신은 그리스도의 백성을 섬기지 않으면서 그리스도를 섬길 수 없다.

당신이 교회에 행하는 것은 곧 예수님께 행하는 것이다. 그리고 당신이 교회를 섬기지 못할 때는 예수님을 섬기지 못하는 것이다. 이는 예수님의 가르침에 나온다.

> 내가 진정으로 너희에게 말한다. 너희가 여기 내 형제자매 가운데 지극히 보잘것없는 사람 하나에게 한 것이 곧 내게 한 것이다. (마태복음 25:40)

예수님은 일반적으로 사람을 섬기는 게 아니라 그의 '형제와 자매', 곧 그의 백성을 섬기는 것에 관해 얘기하고 계신다. 신약성경은 일반적으로 어려운 사람을 돕는 일에 관해 많은 말을 하지만, 예수님의 사람들에 관한 한, 그들에게 행한 일은 곧 그분에게 행한 것이라고 말한다. 다시금, 우리가 그의 백성을 대하는 방식은 곧 그분을 대하는 방식이다. 우리가 그의 형제와 자매를 섬긴다면 그분을 섬기는 셈이다. 거꾸로도 마찬가지다. 우리가 그의 백성을 섬기지 못한다면 그분을 섬기지 못하는 셈이다. 교회를 무시하는 것은 예수님을 무시하는 것이다. 이제는 나의 침실에서 홀로 '예배'하는 것이 그리 좋게 보이지 않는다.

일부 크리스천은 한동안 교회에 올 수 없을 만한 불가피한 이유가 있을 수 있다. 몸이 연약하거나 심리적 트라우마에서 회복되고 있어서 군중과 함께 있는 것이 무척 어려운 사람들이 있다. 가정 사정이 있거나 당분간 떨어져 있어야 할 비상사태도 있을 수 있다. 그러나 이런 경우들은 예외임이 틀림없다. 만일 당신이 주변 크리스천들의 필요에 마음을 닫고 있다면 사실상 그리스도에게 마음을 닫고 있는 것이다.

그런데 이는 정반대의 경우에도 해당한다. 당신이 하나님의 백성을 진지하게 여기고 그들에게 헌신할 때, 당신이 그들을 섬길 때, 예수님은 "여기 내 형제자매 가운데, 지극히 보잘것없는 사람 하나에게 한 것이 곧 내게 한 것이다"라고 말씀하신다.

내가 교회에 합류하지 않는다면 무엇을 놓치게 되는가?

성경은 "매우 많다"고 대답한다.

교회는 하나님의 백성이 지역별로 모이는 집회이다. 그것은 교단이 아니고 건물도 아니다. 단지 가르침과 음악에 불과한 것도 아니다. 이런 것들은 다른 크리스천들과 함께하지 않고도 경험할 수 있기 때문이다. 설교와 예배의 중요한 점은 집합적인 활동이라는 데에 있다. 이런 점에서 교회를 건너뛰는 신자가 놓치는 것은 바로 '하나님의 백성'이다.

교회 없이 예수님을 모시려는 시도는 새로운 것이 아니다. 히브리서 저자는 당시에도 그런 사람들이 있었다고 한다.

그리고 서로 마음을 써서 사랑과 선한 일을 하도록 격려합시다. 어떤 사람들의 습관처럼, 우리는 모이기를 그만하지 말고(not giving up meeting together), 서로 격려하여 그 날이 가까워 오는 것을 볼수록 더욱 힘써 모입시다. (히브리서 10:24~25)

당시에 일부 신자는 이미 함께 모이지 않는 습관을 기르고 있었다. 이는 현대적인 추세가 아니다. 이미 이천 년 전에도 교회를 멀리하려 했던 것이다.

그러나 그 대안이 무엇인지 눈여겨보라. "모이기를 그만하지 말고, 서로 격려하여 … 더욱 힘써 모입시다." 내가 아는 한 교회는 이 대목을 교회의 모든 간행물에 넣는 모토로 삼기로 했다. 그런데 인쇄소의 실수로 전단에 'not'을 빠뜨린 바람에 사실은 독자들에게 다 함께 모이는 것을 포기하라고 권하는 상황이 벌어졌다! 그러나 그 구절의 취지는 분명하다. 교회가 꼭 필요한 이유 중 하나는 다 함께 모이는 것을 통해 하나님께서 우리의 신앙을 북돋워 주시기 때문이다. 우리는 서로서로 신앙을 계속 격려하도록 설계된 존재들이다.

이런 상호격려가 얼마나 시급한지는 이 구절의 마지막 어구에 나와 있다. "그날이 가까워 오는 것을 볼수록 더욱 힘써 모입시다."

내가 이 글을 쓸 때는 상점의 창문들과 미디어를 온통 채색하는 징표들이 그날이 오고 있으니 준비하라고 촉구하는 시기이다. 바로 크리스마스다. 아니, 아직 8월밖에 안 되었는데 벌써 그럴 필요가 있는가. 약간은 시기상조인 듯하다. 하지만 그 취지는 건전하다. 크리스마스 시즌이 결국 올 테니 준비할 필요가 있다는 것이다.

그러나 히브리서 저자는 또 다른 날이 다가오고 있는데, 이는 크리스마스 시즌보다 훨씬 더 의미심장한 날이라고 상기시켜준다. 바로 예수 그리스도의 재림이다. 그리고 그날을 준비하는 방법은 그리스도에 대한 믿음의 격려를 받고 그 믿음에서 나오는 사랑과 선행에 힘쓰는 것이다. 이렇게 하려면 우리가 서로 격려하는 일이 필요하다. 이런 식으로 하나님의 백성이 성장하고 번영하는 것이 하나님의 설계이다. 지역 교회 밖에서는 우리가 하나님의 격려를 받을 수 없고 다른 사람의 믿음이 성장하도록 도울 수도 없다. 그런즉 우리가 홀로 신앙생활을 해낼 수 있다고 생각하는 것은 약간 교만한 태도다. 이는 하나님이 지역 교회를 통해 나에게 공급하실 격려가 없어도 내가 잘 꾸려나갈 수 있다고 말하는 것이니까. 그리고 그렇게 생각하는 것은 상당히 이기적이기도 하다. 이는 내가 지역 교회에 속한 사람들을 격려하지 않겠다고 말하는 것이니까.

이런 격려는 다양한 형태를 취한다. 신약성경은 믿음 안에서 '서로서로 세우는 것'에 대해, 그리고 때로는 조심스럽게 서로 바로잡고 또 서로 책망하는 것에 대해 얘기한다(데살로니가전서 5:11, 데살로니가후서 3:15, 갈라디아서 6:1). 교회에서 우리는 영감을 찾게 될 것이다. 갈수록 더 연약해지고 고통이 심해져도 예수님과 동행하는 것을 큰 위안으로 삼는 한 나이 많은 자매가 생각난다. 우리의 죄가 용서받았다는 것이 얼마나 큰 기쁨인지 그저 여담으로 상기시켜주는 한 현명한 형제가 떠오른다. 이 밖에도 수많은 본보기가 있다. 끔찍한 고난을 견뎌낸 사람들이나 자신을 타인의 삶에 헌신한 사람들이 그렇다. 요컨대, 다양한 모습으로 그리스도가 어떤 분인지를 나에게 상기시켜주는 그런 사람들이다.

교회는 사랑에서 우러나오는 도전과 책임성이 있는 곳, 우리의 신앙고백이 진정한 것인지 검토되는 곳이다. 세례를 통해 새로운 교인을 환영하고 또 성만찬을 통해 신자를 격려하는 곳도 교회이다. 이 모든 방법으로 우리는 믿음의 삶을 살도록 격려를 받는다. 교회가 없으면 우리가 영적인 탄력을 잃게 된다.

그런데 우리가 지역 교회에 속하지 않으면 영적인 격려 이상의 것을 놓치게 된다.

너희가 서로 사랑하면, 모든 사람이 그것으로써 너희가 내 제자인 줄을 알게 될 것이다. (요한복음 13:35)

교회의 복음 전도는 그 영향력의 상당 부분이 교인들 간

관계의 질에 달려있다. 예수님은 그것이 참된 제자도의 특징이라고 말씀하신다. 우리가 그분의 희생적 사랑을 다른 제자들에게 보여줄 때 그분의 제자임이 가장 잘 드러난다는 것이다. 우리가 예수님의 제자들로서 맺는 관계의 질은 다른 어디서도 찾을 수 없는 그런 것이라고 그분은 생각하신다.

그리고 이런 사랑의 초자연적 기원을 인식하는 것은 다른 제자들만이 아니라 '모든 사람'이다. 세상은 이런 사랑의 출처를 사람들의 삶에 함께하는 예수님의 현존으로 돌리지 않을 수 없을 것이다.

달리 말해, 하나님의 백성이 다 함께 영위하는 삶은 주변 세계에 큰 영향을 미칠 것이다. 바로 이런 맥락 — 교회의 공동체 생활 — 에서 우리는 그리스도께서 보여주신 사랑을 실천하는 법을 배우게 된다. 바로 여기서 우리는 제자가 된다는 말의 뜻을 뚜렷이 알게 되고 희생적인 사랑의 훈련을 받게 된다. 예수님에 따르면, 우리가 서로 주고받는 그런 사랑은 다른 어디에서도 볼 수 없는 것이다.

따라서 교회의 일원이 되지 않으면 하나님이 우리에게 주신 가장 강력한 복음 전도의 도구를 놓치게 된다. 복음의 진리가 실천되고 실제로 작동하는 곳은 교회 생활이다. 마

크 데버(Mark Dever)는 그의 뛰어난 책의 제목인 『교회: 눈에 보이는 복음』(*The Church: Gospel Made Visible*)(아가페북스, 2016)으로 이 점을 잘 포착한다. 우리가 남들과 공유하고 싶은 복음의 진리들은 진정한 교회에서 문자 그대로 구현되는 것이다.

당신은 교회가 필요하고 교회는 당신이 필요하다

바울이 교회를 몸으로 묘사한다는 것은 이미 살펴보았다. 그리고 고린도전서 12장에서는 매우 단순하되 중요한 함의를 끌어낸다.

> 발이 말하기를 "나는 손이 아니니까 몸에 속한 것이 아니다" 한다고 해서 발이 몸에 속하지 않은 것이 아닙니다. (고린도전서 12:15)

당신의 교회는 당신이 필요하다. 당신은 당신이 원하는 은사, 또는 가장 중요한 듯한 은사나 눈에 띄는 은사를 갖고 있지 않을지 몰라도, 당신은 누구만큼이나 교회의 건강에 중요하다. 당신이 독특하게 교회에 기여할 수 있는 바가 있을 것이다.

이런 연습을 해보라. 볼펜과 종이와 타이머를 준비하라. 당신의 이름을 30초 동안 얼마나 많이 쓸 수 있는가? 이제 손을 사용하지 말고 똑같은 연습을 해보라. 볼펜을 발가락 사이에 넣든지 입에 물고 써보라. 이번에는 그리 잘하지 못할 것이다. 몸의 어느 부분을 제거하면 간단한 일도 더 어려워진다. 장애를 가진 사람들은 우리의 감탄을 받아야 마땅하다. 그리고 우리가 교회에 없을 때 교회가 무엇을 잃어버리는지 알게 된다. 몸의 일부가 없기 때문이다. 당신의 교회는 당신이 필요하다.

그리고 당신은 교회가 필요하다.

그러므로 눈이 손에게 말하기를 "너는 내게 쓸 데가 없다" 할 수가 없고, 머리가 발에게 말하기를 "너는 내게 쓸 데가 없다" 할 수 없습니다. 그뿐만 아니라, 몸의 지체 가운데서 비교적 더 약하게 보이는 지체들이 오히려 더 요긴합니다. (고린도전서 12:21~22)

당신이 설교자이든 어린이든, 초신자이든 오랜 신자이든,

대기업 임원이든 실업자이든, 당신에게 다른 모든 교인이 필요한 만큼 그들에게도 당신이 필요하다.

"하나님께서는 원하시는 대로 우리 몸에다가 각각 다른 여러 지체를 두셨습니다. … 지체는 여럿이지만, 몸은 하나입니다"(18절, 20절). 각 지역 교회의 지체가 되는 것도 하나님의 계획에 따른 것이다. 지역 교회에는 여분의 지체, 셋째 발, 또는 둘째 코에 해당하는 사람이 없다. 거기에는 불필요한 사람이 없고 다른 교인들이 필요하지 않은 사람도 없다. 물론 당신도 포함된다. 하나님께서 당신을 포함하고 또 사용하기로 정하신 것이다. 당신은 교회의 일부가 됨으로써 영원히 중요한 변화를 일으킬 수 있다. 당신의 교회는 당신에게 꼭 필요하고, 당신도 당신의 교회에 꼭 필요하다.

좋은 교회는 어떤 곳인가?

3장

교회는 실제로 무슨 일을 해야 할까? 교인 열 명에게 물어보라. 아마 열 가지(또는 그 이상의) 대답을 얻게 될 것이다. 교회가 마땅히 해야 할 일은 수없이 많다. 그리고 교회에는 불완전한 사람이 교인의 수만큼 많아서 언제나 마땅히 할 일이나 할 수 있는 일을 다 하지 못하고 있을 것이다.

성장하는 교회는 우선순위에 관한 어려운 질문들을 던져봐야 한다. 쇠락하는 교회도 똑같은 질문들을 던져야 하되 더 많은 염려나 좌절감이 수반될 것이다. 정체하는 교회도 똑같은 질문들을 던져봐야 마땅하다. 하나님께서 특정한 장소에 모아놓은 하나님의 백성은 무슨 일에 시간과 에너지를 쓰고 있는가?

누가는 사도행전 2장에서 초기 교회의 모습을 그려준다. 예수님이 하늘로 올라가신 후 그분의 약속대로 성령이 그의 백성에게 능력을 주기 위해 오셨었다. 이는 극적인 영향을 주었다. 베드로가 방금 메시지를 전했고 삼천 명도 넘는 사람이 기독교 공동체에 가입했다. 그리고 그 신자들 사이에 형성된 교회 생활의 스냅 사진이 묘사되어 있다. 이는 성령 충만한 교회의 특징을 잘 보여준다. 이제 사도행전 2장 42~47절을 읽어보라.

1. 배움

이것이 누가가 우리에게 보여주는 초기 교회의 첫 번째 특징이다.

> 그들은 사도들의 가르침에 몰두하며… (사도행전 2:42)

이는 모든 신자의 특징이 되어야 한다. '제자(disciple)'는 '배우는 자'라는 뜻이다. 그런즉 그리스도께 오는 모든 사람은 그분에 관해 또 그분으로부터 배우는 평생 과정을 시작하는 셈이다. 사도들은 예수님에게 권한을 받아 그의 말씀을 초기 교회에 전달하는 그룹이었다. 그들은 부활한 예수님을 만나서 그분을 대변하도록 임명받은 만큼 그들의 가르침은 독특한 권위를 갖고 있었고 현재도 그러하다. 이 권위는 누가의 다음 대목에 잘 반영되어 있다.

> 모든 사람에게 두려운 마음이 생겼다. 사도들을 통하여 놀라운 일과 표징이 많이 일어났던 것이다. (사도행전 2:43)

이는 그들의 독특한 권위를 인정받은 방법의 하나였다. 그렇다고 사도가 아닌 사람이 기적을 행한 적이 없었다는 뜻은 아니지만, 사도들을 통해 일어난 기적이 매우 많았기에 그들은 사도로 구별되었다(고린도후서 12:12). 그것은 마치 예수님의 기적들이 그를 하나님의 아들로 입증했던 것과 같다(요한복음 2:11). 그런 기적은 그들의 가르침이 예수의 권위를 지녔음을 부각하는 역할을 했다.

바로 이런 가르침이 우리를 위해 기록되고 보존된 곳이 신약성경이다. 우리는 사도들의 가르침을 듣기 위해 그곳에 있지 않았다는 사실에 대해 우려할 필요가 없다. 우리는 성경을 갖고 있기 때문이다. 우리 가운데 성령이 일하고 계신다는 표징은 우리가 성경에 담긴 사도들의 가르침에 전념하고 있다는 사실이다.

그러므로 어느 교회든지 중요한 우선순위의 하나는 다함께 성경으로부터 배우는 일에 시간을 쓰는 것이다. 우리의 설교는 성경에 기반을 두어야 하고, 우리의 찬송과 기도도 성경을 반영해야 한다. 우리의 지도자들은 이 가르침을 노련하게 풀어내고 우리가 쉽게 이해하고 적용할 수 있도록 그것을 펼쳐줄 필요가 있다. 우리는 모임에서 하나님의 말씀에 대한 가르침에 적절한 시간을 배분하고 다른 일 때문에 그것을 밀어내면 안 된다.

그리고 크리스천은 성경으로부터 배울 것을 기대하며 교회 모임에 가고 즐겁게 배울 필요가 있다. 누가는 사도들이 가르치는 일에 전념했다고 말하지 않는다. 물론 그럴 필요가 있었지만, 그것으로 충분하지 않았다. 오히려 크리스천들이 사도들의 가르침을 듣는 일에 전념했다고 말한다. (우리 교인들은 우리 교회가 '좋은 가르침'을 베푼다고 알려져 있다고 한다. 나로서는 굉장한 배움으로 소문나는 편이 더 낫다고 생각한다!) 우리가 다음

주 설교의 성경 본문을 미리 알 수 있다면 사전에 그 본문을 읽고 하나님이 주실 은혜에 대해 기대감을 품을 수 있을 것이다. 우리는 설교를 준비하는 목사를 위해, 그리고 들을 준비를 하는 우리 자신을 위해 기도함으로써 하나님의 은혜를 받을 준비를 할 수 있다. 어떤 교회들은 설교에 대해 질문하는 것을 허용하거나 주중에 소그룹으로 그 본문에 관한 토론 시간을 갖는다. 어떤 방식으로든 우리는 하나님의 말씀으로부터 배우는 일에 전념할 필요가 있다.

2. 파트너십

그들은 사도들의 가르침에 몰두하며, 서로 사귀는 일과 빵을 떼는 일과 기도에 힘썼다. (사도행전 2:42)

교회는 배움에 헌신한 후 서로에게 헌신했다. 이 순서는 전혀 놀랍지 않다. 사도의 가르침이 우리를 다 함께 동료 신자로 묶어주는 것들을 상기시키기 때문이다. 교회가 사도적 복음에서 멀어지고 있는 징표 중 하나는 교회의 사귐이 점점 더 피상적으로 되는 현상이다.

우리는 '사귐(교제)'이란 단어를 오해하기 쉽다. 흔히 두 명의 크리스천이 커피를 마시며 만나는 것을 사귐으로 생각한다. 그러나 신약성경에 나오는 사귐(코이노니아)은 '파트너십'으로 번역할 수도 있다. 이는 함께 사업에 동참한 두 명의 동료를 묘사하는 말이다. 사귐에 헌신한다는 것은 우리가 이제 동일한 모험에 참여하는 파트너들이 되었음을 의식한다는 것이다. 즉, 우리가 공동의 목표를 갖고 있고 서로 이해관계가 있다는 뜻이다.

이런 파트너십은 초기 교회에서 두 가지 방식으로 실행되었다. 첫째, 그들은 시간을 공유했다. 많은 시간을 다 함께 보낸 것이다.

> 믿는 사람은 모두 함께 지내며 … 날마다 한 마음으로 성전에 열심히 모이고, 집집이 돌아가면서 빵을 떼며, 순전한 마음으로 기쁘게 음식을 먹고. (사도행전 2:44,46)

당시는 오늘날의 방학에 해당하는 오순절이었음을 유념할 필요가 있다. 그래서 이후에는 날마다 만나지 못했을 가능성이 있다. 잘은 모르지만 분명한 것은 그들이 동료 신자들로서 많은 시간을 함께 보냈다는 사실이다. 당시의 태도는 "우리가 다 함께 얼마나 많은 시간을 보내야 하는가?"가 아니라 "우리는 다 함께 얼마나 많은 시간을 보낼 수 있을까?"라는 것이었다.

누가는 그들이 얼마나 자주 함께 음식을 먹었는지에 주목하면서 그들이 정기적으로 빵을 떼었다는 사실을 두 번이나 언급한다(42절, 46절). 그리고 그들이 다 함께 빵을 떼고 음식을 먹었을 때는 그와 동시에 성만찬에 분명히 참여했을 것이다(고린도전서 11:17~34를 보라). 다 함께 음식을 먹는 맥락에서 빵과 포도주를 나눴을 것이다. 이는 교인들이 서로 삶을 나누는 것이 마땅하다는 점을 상기시킨다.

'사귐'은 주일 예배가 끝난 후 잠시 간식을 먹거나 점심을 함께 먹는 것에 불과한 것이 아니다. 어떤 사람들은 그런 시간을 즐기는 한편, 다른 이들은 염려한다. 그건 괜찮다! 우리는 체질이 다를 뿐이다. 우리가 굳이 다른 누군가처럼 될 필요가 없다(이미 살펴보았듯이, 교회는 다양한 지체들로 이뤄진 몸이라서 우리는 본연의 모습을 유지할 필요가 있다). 그러나 다른 한편, 우리는 이 점에서 열심히 노력해 편안한 지대에서 벗어나 다 함께 시간을 보낼 필요도 있다. 외향적인 사람은 귀담아듣는 법을 배워야 한다. 내성적인 사람은 일부러 대화에 뛰어들 필요가 있다. 사귐은 노력이 필요해도 나눌 만한 가치가 있다.

둘째, 그들은 시간을 공유했을 뿐 아니라 소유물도 공유했다. 이 크리스천들은 "모든 것을 공동으로 소유하였다"(사도행전 2:44). 그렇다고 아무도 사유재산을 가질 수 없었다는 뜻은 아니다. 누가는 같은 대목에서 사람들이 집과 소유물을 갖고 있었다고 말한다. 이는 강요된 집단주의가 아니라 파격적인 관대함을 묘사하는 장면이다. 이 교인들은 그들 가운데 발생한 필요를 채우기 위해 그들의 소유물을 기꺼이 나누었다. 그리고 이는 여기저기서 그저 값싼 물건을 파는 정도가 아니었음이 분명하다. 사람들은 타인을 위해 그들의 땅을 기꺼이 팔고자 했다(사도행전 4:36~37). 이는 오늘날 당신의 평생 적금을 포기하는 것에 해당한다.

나로서는 목회 경험에서 이런 일이 자주 일어나는 경우를 목격하는 특권을 누렸다. 교인들이 형편이 어려운 가족의 휴가비를 제공해주는 모습을 보았다. 교인들이 서로에게 차를 빌려주거나 기증하기도 했다. 최소한의 사용료를 받고 또 때로는 무상으로 숙식을 제공하는 경우도 있었다. 어려운 이들을 위해 차를 태워주거나 식사를 제공하는 경우는 수없이 많았다.

그런데 물질적 관대함이 오늘날의 교회에는 도전거리가 아니라고 생각한다면 그것은 오산이다. 우리가 몸담은 문화는 다른 무엇보다도 물질적 소유를 더 중요시하기 때문에 교회 역시 그런 풍조에서 벗어나지 못한다. 우리는 소유에 대한 올바른 태도를 개발해야 하고, 우리의 모든 소유가 하나님의 선물이기에 그의 백성과 공유해서 그분의 목적에 맞게 사용할 필요가 있다. 그리고 우리가 소유한 물건, 돈, 장소에 대해 너무 집착하는 태도를 버려야 한다.

3. 예배

이 교회는 하나님을 정말 중요시했다.

그들은 기도에 전념했다(2:42). 다 함께 보내는 시간에 기도하는 것이 그들의 특징이었다. 이후의 장(章)들은 그들이 핍박에 반응하고, 인도하심이 필요할 때 기도하는 모습을 기록하고 있다. 베드로가 체포되어 감옥에 갇혔을 때 그들은 모두 기도하기 위해 한 집에 모였다. 한밤중인데도 그랬다. 하지만 이 신자 공동체는 의무감에서 기도한 것이 아니었다. 기도는 어려운 일도, 손쉬운 일도 아니었다. 기도는 성령의 감화를 받은 교회의 특징이었다!

오늘날 교회에서 개최되는 기도 모임은 쉽지 않을 때가 많다. 어쩌면 잘 인도하지 못해서 또는 다양성이 없어서 그럴 수 있다. 물론 남들과 함께 소리 내어 기도하는 것은 어려운 일이다. 그러나 교회 생활의 다른 측면처럼, 어려운 일이 종종 매우 중요한 일이기도 하다. 우리는 교회 가족과 함께 기도할 필요가 있다.

우리는 또한 그들이 하나님을 찬양하며 예배했다는 것을 알게 된다.

> 그리고 날마다 한 마음으로 성전에 열심히 모이고, 집집이 돌아가면서 빵을 떼며, 순전한 마음으로 기쁘게 음식을 먹고, 하나님을 찬양하였다. (사도행전 2:46~47)

누군가 또는 무언가를 찬양한다는 것은 상대방에 대해 좋게 말하는 것이다. 우리는 우리를 기쁘게 하는 무언가를 마주치면 자연스레 그렇게 한다. 우리가 본 멋진 영화에 대해, 또는 우리 자녀가 우리에게 행한 훌륭한 일에 대해 본능적으로 계속 얘기한다. 우리는 온갖 것을 찬양한다. 그리고 무엇보다도, 이 교회는 기쁘게 또 전심으로 하나님을 찬양했다. 하나님을 기뻐하는 것은 그들이 다 함께 무엇을 하든 공동생활의 특징이었던 것 같다. 그들의 하나님이 헤아릴 수 없이 선하심을 알고 함께 보내는 시간에 그 진리를 표현했던 것이다.

이 찬양은 신약성경의 다른 대목들이 분명히 밝히듯이(예. 에베소서 5:19~20, 골로새서 3:16) 노래를 포함했다. 하나님의 백성이 항상 노래하는 자들이었던 것은 하나님이 늘 노래할 만한 좋은 원인을 제공하셨기 때문이다. 기쁜 찬양은 건강한 교회의 특징임이 틀림없다.

하나님이 누군지를, 그리고 하나님이 행하신 일을 노래로 표현하는 것은 우리에게 유익하다. 첫째, 노래는 서로를 격려하는 좋은 방법이다. 당신이 다른 교인들을 권면하는 찬송을 부를 때는 노래하는 동안 주변 사람들을 둘러봐도 좋다(처음에는 어색해도 나중에는 평범한 일이 된다). 둘째, 노래는 복음의 진리를 내면화하고 우리 영혼에 새롭게 선언함으로써 우리 자신을 격려하는 훌륭한 방법이다. 우리는 성경 구절이나 지난주 설교의 요점보다 찬송가 가사를 훨씬 더 쉽게 기억할 수 있다. 그래서 우리가 평일이나 주말에 흥얼거리는 찬송이 복음에 초점을 둔 것이라면 더더욱 좋다.

4. 성장

초기 교회는 엄청난 성장을 경험했다.

주님께서는 구원받는 사람을 날마다 더하여 주셨다. (사도행전 2:47)

누가는 성장을 이루는 분이 하나님임을 상기시켜준다. 사람들을 회심시킨 장본인은 크리스천들이 아니었다. 하나님이 그들의 수를 늘려주셨다. 수적 성장이든 질적 성장이든 모든 성장은 하나님의 사역이지 우리의 사역이 아니다. 누가가 이 스냅 사진에서 복음 전도를 언급하지 않는 것은 무척 흥미롭다. 이 크리스천들이 그들의 신앙을 열심히 전파했다는 것은 우리가 알지만(이후의 여러 장이 이 사실을 분명히 밝혀준다) 성장을 가져오는 분은 하나님이다.

누가의 요점은 자기가 묘사했던 그런 교회는 성장하게 되어 있다는 것인 듯하다. 사도들의 가르침에 대한 전념, 신자 상호 간의 구체적인 파트너십, 하나님에 대한 진실한 찬양과 예배 등은 주변 세상에 강한 흥미를 유발하는 공동체를 만들 수밖에 없다. 그런 공동체는 하나님이 성장시키실 것이다!

그런데 그런 교회는 또한 성장하고픈 갈망도 있을 것이다. 우리는 잃어버린 자들에 대한 부담감 없이 복음을 즐거워할 수 없다. 예수님의 메시지는 역대 최고의 소식이기에 우리는 그 메시지를 아직 듣지 못한 모든 사람과 나눌 책임이 있다.

초기 교회는 굳이 복음 전도의 명령을 들을 필요가 없었다. 그들은 그냥 전도했다. 복음은 그 자체에 복음 전도의 추진력을 갖고 있다. 베드로는 복음의 메시지로 최초의 교회를 탄생시키는데 하나님의 쓰임을 받은 인물이자 초기 지도자 중 하나였는데 훗날, 오늘날의 터키에 존재했던 교회들에게 이런 편지를 보냈다. "그러나 여러분은 택하심을 받은 족속이요, 왕과 같은 제사장들이요, 거룩한 민족이요, 하나님의 소유가 된 백성입니다. 그래서 여러분을 어둠에서 불러내어 자기의 놀라운 빛 가운데로 인도하신 분의 업적을, 여러분이 선포하는 것입니다. … 여러분은 이방 사람 가운데서 행실을 바르게 하십시오. 그렇게 해야 그들은 여러분더러 악을 행하는 자라고 욕하다가도, 여러분의 바른 행위를 보고 하나님께서 찾아오시는 날에 하나님께 영광을 돌릴 것입니다. … 여러분이 가진 희망을 설명하여 주기를 바라는 사람에게는, 언제나 답변할 수 있게 준비를 해 두십시오. 그러나 온유함과 두려운 마음으로 답변하십시오"(베드로전서 2:9, 12 ; 3:15, 16).

건강한 교회는 다 함께 모일 때와 평일에 지역사회 곳곳에 흩어져있을 때 그 사회에 하나님의 업적을 선포할 방법에 대해 생각할 것이다. 그들은 아름다운 복음을 반영하는 생활을 영위하도록 서로 권면할 것이고, 그들에게 인생의 큰 질문을 던지는 이들에게 복음의 진리를 말할 준비를 하도록 서로를 구비시킬 것이다.

지역사회에 대한 이런 관심은 복음 전도로 그치지 않는다. 오늘날 하나님의 백성은 구약성경에 나오듯이 "[내가 사로잡혀 가게 한] 그 성읍이 평안을 누리도록 노력하고, 그 성읍이 번영하도록 나 주에게 기도해야" 마땅하다(예레미야 29:7). 바울은 "기회가 있는 동안에 모든 사람에게 선한 일을 합시다. 특히 믿음의 식구들에게는 더욱 그렇게 합시다"(갈라디아서 6:10)라고 권면한다. 여기서 '주로'나 '단지'라고 하지 않고 '특히'라고 말하는 것을 주목하라. 자선은 집에서 시작하지만 거기서 끝나지 않는다. 교회는 교인들이 서로를 대하는 방식으로, 그리고 주변 사람들을 대하는 방식으로 복음을 선포하고 또 나타내야 한다.

우선순위

모든 교회는 다르다. 예배 시간이 다르고, 예배 방식도 다르며, 규모도 아주 다르다. 반면에 모든 교회가 다음 우선순위는 공유할 것이다. 그리고 이 우선순위는 리더십을 담당하는 이들뿐만 아니라 그리스도께서 그의 피로 산 '모든 신자'(사도행전 2:44)에게도 마찬가지일 것이다(또는 마찬가지라야 한다).

- 사도의 가르침
- 파트너십
- 예배
- 성장

이는 교회와 교회 생활을 아주 단순하게 또 아주 힘들게 만든다. 이런 것들은 이해하기 어렵지 않아서 단순하다. 그리고 성경적 교회가 되는 것보다 테니스 클럽에 가입하거나 공원에 가는 것 — 우리가 기분과 환경에 따라 언제나 들어갔다 나올 수 있는 것들 — 이 훨씬 더 쉽기 때문에 힘들다. 후자가 더 쉽지만, 전자만큼 신나지는 않다. 아마 초기 크리스천들은 교회의 일원이 되는 것이 늘 편리하진 않았을 테고 대가가 없지도 않았을 것이다(특히 박해가 시작되면). 하지만 결코 지루하거나 의무감에 사로잡히진 않았을 것이다. 주님이 그들을 통해 일하셔서 '구원 받는 사람을 날마다 더해 주셨을'(47절) 때는 전율을 느꼈을 것이 틀림없다. 만일 우리도 초기 교회가 경험한 것을 경험하고 싶다면, 우리 역시 똑같은 우선순위를 갖고 그런 교회가 되는데 헌신하고 그렇게 되도록 기도해야 할 것이다.

교회를 어떻게 선택해야 할까?

1. 미리 계획하라

(당신에게 선택권이 있다면) 어디로든 이사하기 전에 합류할 만한 좋은 교회가 있는지 확인하라. 좋은 영적인 지원과 리더십이 없는 지역으로 가는 것은 어리석다. 그런즉 이사할 지역을 결정하기 전에 그에 대해 조사하라. 영적으로 빈약한 지역에도 물론 교회가 개척되려면 크리스천들이 필요하다. 그러나 다음 두 부류는 큰 차이가 있다. 새로운 교회를 개척하기 위해 어느 지역으로 파송된 크리스천들과 사전에 교회 생활에 대해 진지하게 생각하지 않은 채 그런 지역에 몸담게 된 크리스천들은 다르다는 것이다. 많은 사람이 좋은 직장 때문에, 또는 은퇴 후 바닷가에 살고 싶어서 새로운 지역으로 이사 갔다가 좋은 교회가 없어서 수년 동안 영적인 정체 상태를 면하지 못하는 모습을 보았다.

2. 분별력을 발휘하라

우리는 이미 좋은 교회의 특징을 살펴보았다. 이는 중요한 특징들인 만큼 당신이 교회를 선택할 때 맨 먼저 고려해야 할 사항이다. 참으로 그리스도를 전파하고 따르고 나누고 사랑하는지 여부가 점심을 제공하는지, 예배 시간이 적절한지, 또는 찾아가기가 수월한지 여부보다 훨씬 더 중요하다.

3. 너무 미루지 말라

당신이 새로운 지역으로 이사해서 좋은 교회를 찾을 때 선택을 너무 미루는 것은 좋지 않다. 그것은 TV 채널을 이리저리 탐색하다 결국 아무것도 시청하지 못한 채 한두 시간을 낭비하는 것과 같다. 교회 쇼핑을 즐기는 사람은 이런저런 교회를 빙빙 돌다 어디에도 정착하지 못한 채 자기도 모르는 사이에 일 년이 후딱 지나갈 수도 있다.

선택의 여지가 많은 경우에는 스스로 시한 — 두세 달 정도 — 을 정해놓고 최종 결정을 내리는 것이 좋다. 교회 웹사이트를 통해 사전에 후보 명단을 몇 군데로 줄이는 것도 좋은 방안이다.

4. 너무 서두르지 말라

처음 눈에 띄는 좋은 교회를 선택하고 싶은 마음이 생길 수 있다. 하지만 딱 맞는 교회를 찾는 데는 어느 정도의 시간과 생각과 기도를 투자할 가치가 있다. 당신의 영적 성장을 도모하고 당신의 섬김을 격려하는 그런 교회 가족을 찾는 것이 중요하기 때문이다.

교회를 단 한 번 방문해서는 그 진정한 면모를 파악하기 어렵다. 우리 같은 교회 사역자들은 많은 교회가 눈에 잘 안 띄는 문제들을 안고 있음을 알고 있다. 설교가 혼란스럽고, 시청각 시설이 엉성하고, 순서를 맡은 교인들이 나타나지 않는 등, 인간적으로 말해, 허점이 많을 수 있다. 이런 일은 실제로 벌어진다. 우리는 타락한 세상에 살고 있다. 이왕이면 교회를 믿어줘라. 교회의 단점뿐만 아니라 장점도 찾아보라. 그리고 교회를 한 번 이상 방문하라. 특히 건강한 교회로 알려진 교회라면 적어도 두어 차례는 방문하는 것이 좋다.

세례와 성찬의 목적은 무엇인가?

이는 예수님이 교회에게 시행하라고 명령하셨던 두 가지 예식이다. 어떤 교회들은 '규례'라고, 다른 교회들은 '성례'라고 부르고, 이런 호칭을 사용하지 않는 교회들도 있다. 둘 다 대단히 중요하고(그렇지 않다면 예수님이 명령하지 않았을 것이다), 둘 다 성경을 믿는 크리스천들이 오랫동안 의견을 달리한 쟁점이 되었다. 세례는 교회의 '앞문'이고 성찬은 '가족 식사'라고 생각하면 유익할 듯하다. 전자는 교회에 입문하는 일과, 후자는 지속적인 교인 신분과 관련이 있다.

세례 예수님은 제자들에게 세례를 받으라고 명하신다. "그러므로 너희는 가서, 모든 민족을 제자로 삼아서, 아버지와 아들과 성령의 이름으로 세례를 주고, 내가 너희에게 명령한 모든 것을 그들에게 가르쳐 지키게 하여라"(마태복음 28:19~20). 세례는 구원을 위해 필요한 것은 아니지만 순종을 위해 필요하다. 제자는 세례를 받아야 한다.

세례 그 자체는 새롭게 태어나고, 씻음을 받고(디도서 3:5), 그리스도와 연합되는 것(로마서 6:3~4)을 말한다. 우리는 예수님과 연합되는 세례를 받은 것이다. 우리의 옛 자아가 그분과 함께 죽었고 우리의 새로운 자아가 그분과 함께 일으킴을 받았다(갈라디아서 2:20). 성경을 믿는 크리스천들은 세례의 방법(물에 완전히 잠겨야 하는지, 또는 물을 뿌려야 하는지)과 세례의 적절한 시기(기독교 가정의 유아로, 또는 믿음을 고백하는 성인으로)에 대해 의견을 달리한다. 이런 문제에 대해 더 자세히 알고 싶으면 교회의 목사에게 물어보는 것이 최선이다.

성찬 교회에 따라 이 예식을 부르는 호칭이 다르다. 가장 흔한 것은 성찬(Holy Communion: 우리와 하나님의 교제를 강조함), 주님의 만찬(the Lord's Supper: 예수님을 중심으로 한 식사임을 강조함), 또는 성체 성사(Eucharist: '감사'라는 뜻) 등이다.

성찬은 교회의 예배에서 크리스천들이 다 함께 떡과 포도주를 나누는 순간이다. 이는 회중들 가운데 나누는 물리적 덩어리에서 나온 빵, 예식 전에 자른 한 조각, 또는 마른 웨이퍼 모양의 조각 등의 형태를 띤다. 어떤 교회들은 알코올성 포도주를, 다른 교회들은 비알코올성 포도주를 사용한다. 둘 다 사용하는 교회들도 있다. 포도주는 회중들 사이에 나누는 큰 잔이나 개별적인 작은 잔으로 돌려진다. 빈도는 교회에 따라 다른데, 보통은 매주, 매달, 또는 그보다 덜 자주 시행한다.

이처럼 실행 방법은 다양해도 성찬의 목적은 분명하다. 성찬은 예수님의 부서진 몸과 흘린 피를 기억하는 방식(고린도전서 11:24~25), 그 죽음을 선포하는 방식(11:26), 그리스도와 교제를 나누는 방식(10:16), 그리고 우리가 믿음의 공동체로서 예수님께 의존하는 존재임을 표현하는 방식(10:17)이다. 이는 주님이 우리에게 함께 나누라고 초대하신 놀라운 식사이다! 그래서 성찬을 가볍게 여기면 안 된다. 바울은 우리에게 성찬을 받기 전에 우리 자신을 살피라고 요구한다(11:28). 우리는 하나님과 그리고 그분의 백성과 적절한 관계를 맺고 있는지 확인할 필요가 있다. 그러나 신약성경은 성찬이 교회 생활의 중심은 아니라고, 구원에 필수조건은 아니라고 말한다(바울이 목사들에게 쓴 세 편지 — 디모데전서, 디모데후서, 디도서 — 에는 언급되지 않는다). 신학자 에른스트 케반은 언젠가 "성찬은 은혜의 특별한 수단이지 특별 은총의 수단은 아니다"라고 썼다.

교회는 어떻게 운영되는가?

|

4장

얼마 전 어느 교단 신문을 훑어보다 교회들이 새로운 목사를 초빙하는 광고를 접한 적이 있다. 그 모든 교회가 어떤 자질을 찾고 있는지 살펴보니 무척 흥미로웠다.

유력한 후보는 유능한 행정가(나에게 없는 자질)이자 비전 있는 지도자(역시 나에게 없는 자질)라야 한다. 한 광고는 목사가 "교회 내에서 눈에 잘 띄어야 한다"고 요구했다(다행이다. 나에게 형광색 재킷이 있으니까). 다른 광고들은 뛰어난 상담사, 지역사회 일꾼과 기업가의 자질을 찾고 있었다. 그 모든 광고

|

는 제각기 목사의 역할에 대한 독특한 개념을 보여주는 듯
했다.

그 광고들은 무척 다양했으나 의견이 일치하는 점이 있
었다. 교회는 지도자가 필요하다는 점이다.

리더십의 필요성은 성경 전체에 뚜렷이 나타난다. 하나님
의 백성은 하나님의 지도만 받는 것이 아니라 제대로 임명
된 인간 지도자들을 통해 그분의 지도를 경험한다. 리더십
의 형태는 교회마다 다를 수 있지만, 항상 어떤 형태로든 인
간 리더십이 존재하는 것이 명백하다.

이번 장은 '교회 정치' 내지는 '교회 정체(政體)'에 대해 다
룬다. 당신이 속한 교회에 따라 이번 장이 너무 짧을 수도
있고 너무 길지도 모르겠다. 교회를 어떻게 지도해야 하는
지는 상당한 기간에 걸쳐 상당한 토론을 불러일으킨 쟁점이
되었다. 물론 이 쟁점에 대해 크리스천들은 정당하게 의견
을 달리할 수 있다. 하지만 우리는 우리와 생각을 달리하는
사람들이나 우리만큼 많이 생각하지 않는 이들에 대해 관대
할 필요가 있다. 또한 우리는 예수님에 대한 믿음을 통해 구
원받은 것이지, 우리가 속한 교회 — 주교가 있는지 없는지,
장로회가 있는지 없는지, 회중 모델인지 아닌지(또는 그 차이점

에 대해 우리가 아는지 모르는지) ── 때문에 구원받은 것이 아님을 기억해야 한다.

장로와 집사

신약성경에서 그런 지도자를 묘사하는 가장 흔한 단어는 '장로'이다. 이는 여러 곳에 나온다. 바울이 교회를 개척할 때는 다른 곳으로 움직이기 전에 반드시 장로들을 임명하곤 했다. 신자 집단을 특정한 장소에 세우는 것으로 충분하지 않아서 신자들을 위해 적절한 리더십을 임명할 필요가 있었다. 예컨대, 사도행전은 이렇게 말한다.

> 그리고 그들을 위해서 각 교회에서 장로들을 임명한 뒤에, 금식을 하면서 기도하고, 그들이 믿게 된 주님께 그들을 맡겼다. (사도행전 14:23)

교회를 세우는 일은 이 단계를 밟은 뒤에야 완료되었다.

이 리더십의 중요한 특징은 언제나 복수라는 점이다. 신약성경은 교회에 단 한 명의 지도자만 있는 경우를 말하는 적이 없고 그 대신 여러 장로가 임명을 받았다고 말한다. 바울이 모임을 소집했던 에베소 교회의 장로들도 복수였고(사도행전 20:17), 그들은 바로 디모데가 거기서 사역을 시작할 때 그에게 안수했던 장로들이다(디모데전서 4:14). 신약성경에는 일인 밴드에 상당하는 사역을 묘사하는 곳도 전혀 없다. 즉, 중요한 도전이나 지지를 제공할 사람이 없는 그런 사역이 없다는 말이다. 교회는 리더십이 필요하고, 단 한 명의 리더가 이 리더십을 감당하기에는 역부족이다. 장로들은 항상 복수로 나온다.

교회 지도자를 묘사하는 다른 용어도 있다. 바울은 그들을 '목사'로 지칭한다(에베소서 4:11). 다른 곳에서는 그들을 '감독' 또는 '주교'(헬라어 *episkopos*)로 묘사한다. 장로와 감독은 다른 용어들이지만 똑같은 직분을 묘사하는 것이 분명하다. 바울은 에베소 장로들에게 이렇게 말한다. "여러분은 자기 자신을 잘 살피고 양 떼를 잘 보살피십시오. 성령이 여러분을 양 떼 가운데에 감독으로 세우셔서, 하나님께서 자기 아들의 피로 사신 교회를 돌보게 하셨습니다"(사도행전 20:28). '감독/주교'는 여기서 장로 직분의 한 측면을 부각하고 있다. 감독 자체는 완전히 별개의 직분이 아니라는 뜻이다(일부 교단에서는 그렇게 되고 말았지만).

신약성경은 장로의 역할 뿐만 아니라 집사의 역할도 지역 교회의 운영에 포함된다. 집사의 역할은 장로의 역할과 구별된다. 바울은 빌립보서를 이렇게 시작하고 있다. "그리스도 예수의 종인 바울과 디모데가 그리스도 예수 안에서 빌립보에 살고 있는 모든 성도들과 감독들과 집사들에게 이 편지를 씁니다"(빌립보서 1:1). 이는 장로/감독의 역할과 다른 별도의 역할이고 좀 더 실제적이고 행정적인 책무에 초점을 맞추는 듯하다. 초기 교회에서 집사들이 임명된 것은 사도들이 자유로이 하나님의 말씀 사역에 집중할 수 있게 하기 위해서였다(사도행전 6:1~6). 집사의 역할이 신약성경에 완전히 설명된 적은 없지만 다양한 방식으로 교회를 섬기도록 임명되었던 것처럼 보인다. 집사들은 장로와 달리 다스리는 권위는 없지만, 바울은 장로처럼 집사의 구체적인 자격을 열거하고 있다(디모데전서 3:8~13).

교회 리더십은 어떤 형태를 지니는가?

이런 교회 운영 원리는 오늘날 교회에 따라 다양한 방식으로 작동한다. 오늘날 교회 리더십의 구조는 주로 네 가지 방식을 따른다.

1. 감독교회

지역 교회들이 모두 주교의 감독을 받는 관구를 이루고, 주교는 대주교의 감독을 받는다. 즉, 각 주교는 여러 회중을 감독하고, 각 대주교는 여러 주교를 감독한다. 지역 교회에는 교회 위원들과 같은 직분자들과 교구 교회 위원회가 있고 또한 그 자체의 목사(종종 교구 목사라 불린다)도 있다. 이 제도에서는 어느 정도의 권위가 지역 교회 바깥에 있게 된다. 영국국교회와 북미의 성공회가 감독제 교단의 실례들이다. 신약성경은 이런 별도의 직분을 묘사하기 위해 '주교'라는 단어를 사용하지 않지만, 감독 교회는 주교의 역할을 신약성경에 나오는 디도와 같은 사람들의 역할의 연장선에 있는 것으로 본다.

2. 장로교회

'장로'(presbyterian)의 어원은 원로를 지칭하는 헬라어 단어이고, 이는 지역 교회에서 의사결정 권위의 중심이 장로들에게 있음을 가리킨다. 이 제도에서는 각 교회에 여러 장로(가르치는 담임목사를 포함해)가 있고, 장로들은 일단의 교회들을 감독하는 '노회'에 소속되어 있다. 각 노회의 일부 회원들은 총회에 속해 있고, 총회가 그 교단 내 모든 교회에 대해 최종 권위를 갖는다. (감리교단 같은 일부 교단들은 이와 똑같지는 않지만 비슷하게 작동한다.)

3. 독립 장로교회

지역 교회 내에서는 장로교회와 비슷하게 작동한다. 그러나 이 교회는 교단의 일부가 아니라서 권위가 교회의 장로들에게 있다.

4. 회중교회

이 제도에서는 회중 자체가 의사결정의 권위체이다. 교인들이 그 교회를 지도하고 운영할 직분자들(장로와 같은)을 선출한다. 어떤 교회들은 각각 한 명의 목사와 여러 집사를 임명하고, 다른 교회들에서는 목사가 회중을 감독하는 여러 장로 중 하나로 그 역할을 수행한다. 어떤 교회들은 모든 사안을 투표에 부치고, 다른 교회들은 새로운 목사의 임명과 같은 가장 중요한 사안만 투표에 올린다.

교회 정치의 형태가 다양하다는 사실은 이것이 오랫동안 크리스천들이 관점을 달리했던 하나의 쟁점이었음을 보여준다. 어떤 교회들은 정치 형태에 대해 크게 우려하지 않는다. 반면에 어떤 교회들은 그 형태를 교리와 관련된 주요 사안으로 여긴다. 따라서 크리스천들은 제각기 이 점에서 성경이 규범적인 책인지(교회 리더십을 조직하는 법을 알려주는), 아니면 기술적인 책인지(초기 교회들 중 일부가 어떻게 지도되었는지를 스냅 사진으로 보여주는)를 판단할 필요가 있다.

목사의 역할은 무엇인가?

나는 영국국교회의 교구 목사로 훈련받는 동안 한 친구의 가장무도회에 간 적이 있다. 상상력이(의상도) 없었던 나는 한 친구의 성직자용 칼라를 빌려서 성직자 차림으로 갔다. 어쩌다 잘 모르는 사람들의 그룹에서 얘기를 나누던 중에 한 사람이 "당신은 실제로 목사가 아니지요?"라고 물었다. 당시는 내가 신학생 신분이었고 교회사역을 시작하지 않은 터라 목사가 아니라고 대답했다.

"정말 다행이군요!"하고 그녀가 말했다. 즉시 안도의 한숨이 그 그룹 전체에서 터져 나왔다. 그들은 대화 내용을 생각하면서 과연 목사 앞에서 그런 말을 하고 싶을지 되짚어보고 있었던 것이 분명했다.

"그러면 당신은 무슨 일을 하시오?"하고 그들 중 하나가 물었다.

"음, 나는 목사가 되는 훈련을 받고 있소"하고 내가 대답했다.

대화가 마침내 중단되고 말았다.

그들이 목사를 어떻게 생각했는지 나는 모른다. 하지만 사교 모임에서 함께 어울리고 싶은 사람은 아니었던 것이 분명했다. 그래서 이런 질문이 떠오른다. 목사는 과연 어떤 사람인가? 목사는 도대체 무슨 일을 하는가? 이는 물론 목사에게 중요하지만, 교인에게도 중요하다. 많은 목사들은 (하나님보다) 교인들의 기대가 너무 커서 참패하고 말았다. 다른 한편, 많은 교회는 교회 지도자가 하나님의 요구보다 적게 일하거나 그와 다른 일을 하는 바람에 좋지 않은 평판을 받고 말았다.

업무 내용

사도행전 20장에서 바울은 오늘의 터키와 그리스 지역을 떠나기 전에 밀레도라는 곳에서 가까운 에베소 교회의 장로들을 마지막으로 만나기 위해 사람을 보내어 그들을 불렀다. 최후의 만남에서 바울이 그 자신의 사역을 돌아보는 장면이 나오는데, 그때 목사가 할 일에 대해 아주 분명히 설명한다.

이런 것들이 교회 지도자들이 마땅히 해야 할 일이다. 아울러 당신이 그들을 위해 기도해야 할 제목이다. 그리고 새로운 목사를 임명해야 할 때가 되면 교회는 바로 이런 것들을 살펴봐야 한다. 더 나아가, 기독교 지도자들의 우선순위를 개관하는 바울의 말은 목사와 장로뿐만 아니라 리더십의 모든 차원에 속한 누구에게나 적용되는 것이다. 말하자면, 주일 학교 교사들, 성경 공부 인도자들, 자녀들을 영적으로 지도하는 부모들, 지역 교회에서 서로 섬기고 격려하는 목회적 책임을 맡은 모든 크리스천에게 적용된다는 뜻이다.

이제 이 '업무 내용'을 살펴보도록 하자.

1. 하나님을 섬겨라

"나는 겸손과 많은 눈물로 주님을 섬겼습니다. 그러는 가운데 나는 또, 유대 사람들의 음모로 내게 덮친 온갖 시련을 겪었습니다"(19절). 바울이 사용하는 '섬김'이란 단어는 노예상태와 비슷한 단어이며, 이것이 모든 기독교 사역의 토대이다. 목사는 그리스도의 노예이므로 '큰 겸손으로' 그분을 섬겨야 한다. 목사의 주된 목표는 그 자신이 아니라 예수님을 높이는 것이다.

2. 사람들을 가르쳐라

"나는 또한 유익한 것이면 빼놓지 않고 여러분에게 전하고, 공중 앞에서나 각 집에서 여러분을 가르쳤습니다"(20절). 우리에게는 가르치는 목사들이 필요하다. 강단에서 뿐만 아니라 대화를 통해서도 가르치는 목사들이 필요하다. 목사는 '유익한 것'을 가르쳐야 한다. 그렇게 하려면 무엇을 말하고 어떻게 말할지를 알 수 있을 만큼 교인들을 충분히 알아야 한다. 그와 동시에 목사는 '하나님의 모든 경륜(뜻)'(27절) — 어렵고 언짢은 부분을 포함해서 — 을 가르쳐야 마땅하다.

3. 대가를 받아들여라

"다만 내가 아는 것은 성령이 내게 일러주시는 것뿐인데, 어느 도시에서든지 투옥과 환난이 나를 기다리고 있다는 것입니다. 그러나 내가 나의 달려갈 길을 다 달리고, 주 예수께 받은 사명, 곧 하나님의 은혜의 복음을 증언하는 일을 다 하기만 하면, 나는 내 목숨이 조금도 아깝지 않습니다"(23~24절). 주님을 섬기는 일은 결단코 쉽지 않은데, 바울은 고난을 받을 준비가 되어 있었다. 이는 주인이신 그리스도에게 과업을 받은 모든 사람에게 동일할 것이다. 백악관의 비서진이 '대통령을 즐겁게 하기' 위해 섬기듯이, 크리스천 리더들도 그리스도를 즐겁게 하기 위해 섬겨야 한다.

4. 교회를 잘 돌보라

"여러분은 자기 자신을 잘 살피고 양 떼를 잘 보살피십시오. 성령이 여러분을 양 떼 가운데에 감독으로 세우셔서 하나님께서 자기 아들의 피로 사신 교회를 돌보게 하셨습니다"(28절). 궁극적으로는 물론 모든 지역 교회가 하나님의 교회이다. 그리고 하나님은 놀라운 값 ─ 예수 그리스도의 피 ─ 을 치르고 그의 교회를 사셨다. 이 양 떼는 하나님께 매우 소중하다. 교회가 그리스도의 피로 살 만큼 가치가 있다면 교회 지도자들이 수고할 만한 가치도 있는 것이다.

5. 양 떼를 보호하라

모든 교회는 하나같이 보호받을 필요가 있다. 양 떼는 스스로 싸우거나 도망칠 고유한 자원이 없는 지극히 취약한 동물이다. 양 떼는 공격에 취약한 편이다.

(인용) 내가 떠난 뒤에 사나운 이리들이 여러분 가운데로 들어와서, 양 떼를 마구 해하리라는 것을 나는 압니다. 바로 여러분 가운데서도, 제자들을 이탈시켜서 자기를 따르게 하려고 어그러진 것을 말하는 사람들이 나타날 것입니다. (사도행전 20:29~30)

바울이 경고하는 것은 외부의 박해가 아니라 내부에서 생기는 거짓된 가르침이다. 진리를 왜곡하는 가르침은, 탐욕스러운 이리가 무방비한 양 떼에 달려들 듯이, 교회를 마구 해친다. 기독교 지도자는 양 떼가 진리의 왜곡에 빠지지 않도록 그들을 보호해야 한다.

6. 여러분 자신을 지켜라

"여러분은 자기 자신을 잘 살피십시오"(28절). 항공기를 탄 승객들은 비상사태가 발생하면 남을 돕기 전에 스스로 산소마스크를 끼라는 경고를 받는다. 당신이 헤매고 있으면 남을 도울 수 없다. 이는 목회에도 적용된다. 교회 지도자들은 남을 보호하기 전에 스스로 영적 해로움에서 보호해야 한다.

교회 지도자가 맡은 과업의 핵심은 하나님 말씀의 사역이다. 바울이 보여주었듯이, 이는 여러 형태를 지닐 것이다. 주일의 공식적 가르침에 국한되지 않는다. 성경 공부 그룹을 인도하기, 일대일 제자훈련, 그리고 하나님의 말씀을 전하기 위한 가가호호 방문 등까지 포함한다. 이 모든 사역의 저변에 있는 것은 "하나님의 말씀은 여러분을 튼튼히 세울 수 있다"(32절)는 진리이다. 우리를 격려하는 그 말씀은 또한 하나님의 백성인 우리를 자라게 한다.

징계의 문제

바로 이런 맥락에서 성경은 교회 징계의 문제를 다룬다.

교회는 죄인들로 구성되어 있어서 교인 개개인을 징계해야 할 상황이 발생할 것이다. 이런 징계는 건강한 가정에서 일어나는 징계와 비슷하다. 자녀들을 적절하게 징계하는 것은 부모의 지혜와 관련된 문제이다(잠언 13:24). 이와 비슷하게 하나님도 그의 자녀들을 징계하신다. 이 징계는 사실상 자녀들을 향한 하나님의 사랑 표현이다(히브리서 12:6). 따라서 하나님의 집안에서 그와 비슷한 과정이 작동하는 것은 놀랄 일이 아니다.

예수님은 징계의 과정을 이렇게 간추려주신다.

네 형제가 [너에게] 죄를 짓거든, 가서 단둘이 있는 자리에서 그에게 충고하여라. 그가 너의 말을 들으면, 너는 그 형제를 얻은 것이다. 그러나 듣지 않거든, 한두 사람을 더 데리고 가거라. 그가 하는 모든 말을 두세 증인의 입을 빌어서 확정지으려는 것이다. 그러나 그 형제가 그들의 말도 듣지 않거든, 교회에 말하여라. 교회의 말조차 듣지 않거든, 그를 이방 사람이나 세리와 같이 여겨라. (마태복음 18:15~17)

여기서 징계는 교회 가족의 모든 교인이 수행할 책임이

란 것을 주목하라. 동료 교인이 죄를 짓는 것을 우리가 알고 있다면 적절하게 그 문제를 제기해야 한다. 야고보도 이렇게 말한다.

나의 형제자매 여러분, 여러분 가운데서 진리를 떠나 그릇된 길을 가는 사람이 있을 때에, 누구든지 그를 돌아서게 하는 사람은 이 사실을 알아두십시오. 죄인을 그릇된 길에서 돌아서게 하는 사람은 그 죄인의 영혼을 죽음에서 구할 것이고, 또 많은 죄를 덮어줄 것입니다. (야고보서 5:19~20)

바울은 이 모든 일을 '온유하게' 수행하고 우리 자신을 잘 살펴야 한다고 말한다(갈라디아서 6:1).

예수님은 교인 상호 간의 징계로 충분치 않을 때가 있을 것임을 내다보신다. 이미 범한 죄를 알리는 것은 최소한으로 줄이는 것이 좋다. 그러나 만일 그 죄를 지속한다면 더 넓은 그룹, 심지어 교회 전체를 개입시키는 일이 필요하다. 그리고 예수님은 슬프게도 교회가 궁극적인 제재를 할 필요가 있을 수 있다는 것도 보여주신다. 누군가를 교인 신분에서 제적시키는 것이다. 이는 최후의 수단이다. 만일 누군가가 여전히 회개하길 거부하고 교회가 제시한 회개의 요청을 무시한다면, 그는 사실상 비신자의 삶을 영위하는 셈이므로 교회는 그를 비신자로 여기는 것이 적절하다.

이 모든 조치의 전반적인 목적은 명명백백하다. 예수님은 당사자를 '얻는 것'에 관해 말씀하신다(마태복음 18:15). 야고보는 그런 사람을 '돌아서게 하는 것'에 대해 (야고보서 5:19), 바울은 '바로잡아 주는 것'에 대해(갈라디아서 6:1) 얘기한다. 모든 경우의 목표는 똑같다. 죄를 지은 사람을 주님과 피해자 앞에서 원상태로 회복시키는 것이다. 죄는 우리와 하나님의 교제, 그리고 우리 상호 간의 교제에 영향을 미치는 만큼 징계는 깨어진 관계를 회복시키기 위한 것이다. 징계는 항상 긍정적인 목적이 있다. 달리 말하면, 우리의 불만이나 분노를 표출하려는 것이 아니고, 누군가가 남에게 상처를 주었다고 그에게 보복하려는 것도 아니라는 뜻이다. 그 대신 당사자로 교회와 교회의 머리이신 그리스도와의 교제를 회복하도록 돕기 위함이다.

당신이 지금쯤 알아챘을지 모르겠는데, 이번 장은 우리가 왜 교회에 신경 써야 하는가(이 문제는 어느 정도 풀렸을 것이다) 하는 것보다 어떻게 신경 써야 하는지에 대해 다루었다. 그리고 하나님의 교회는 누군가의 지도가 필요한 공동체라서 우리가 여러 방법으로 교회에 기여할 수 있다. 우리의 지도자들에게 감사를 표현하고 그들을 위해 기도하는 일, 우리 자신이 교회의 긍정적인 징계를 받고 또 그 징계를 지지하는 일, 그리고 우리가 맡은 목회적 역할(보육원 운영, 노인 심방, 성경 공부 그룹 인도, 담임 목사 직분 등)을 담당할 때 하나님의 영감을 받아 바울이 제시한 업무 내용에 걸맞게 수행하는 일을 통해 그럴 수 있다.

소그룹을 교회로 볼 수 없는가?

많은 교회가 모종의 소그룹 사역을 실행한다. (보통 열 명 정도로 구성됨) 이런 소그룹들은 성경 토론, 상호 지지, 그룹 기도 등을 하기에 가장 적합한 규모이다. 주일 예배는 이런 수준에서 서로 교제하기에 적합하지 않다. 소그룹이야말로 성경이 말하는 '서로서로'의 사역이 이뤄지기에 안성맞춤이다. 거기서 관계가 깊어지고, 통찰이 나눠지고, 삶의 문제와 어려움이 논의되고 다뤄지기 때문이다.

이 때문에 그런 그룹이 구성원들의 영적 생활의 초점이 되기 쉽다. 소그룹이 사실상 교회가 되는 것이다.

이런 현상은 이해할 수는 있으나 바람직하지 않다. 소그룹이 주된 교회 집회를 대체하면 안 된다. 당신의 소그룹이 당신의 교회가 된다면, 당신은 중요한 것을 놓치게 된다. 물론 신자가 많지 않은 상황에서는 교회가 소그룹처럼 운영될 수 있다. 성경은 교회가 어떤 규모여야 한다고 규정짓지 않는다. 여기서 우리가 논의하는 바는 건강한 교회가 소그룹 규모일 수 있는지 여부 — 그럴 수 있다 — 가 아니라, 소그룹이 교회를 대체할 수 있는가 — 그래서는 안 된다 — 하는 것이다.

왜 안 될까? 첫째, 온전한 교회 가족은 하나님이 스스로와 화해시키신 사람이 누군지를 보여주는 하나의 모습이기 때문이다. 우리의 소그룹은 교회 가족에 포함된 다양한 연령층과 배경을 다 반영하기가 어렵다. 반면에 주일 집회는 충분히 반영한다. 이는 의미심장한 사실이다.

둘째, 소그룹이 할 수 있는 일의 범위는 소그룹이라서 무척 제한된다. 교회는 많은 부분으로 이뤄진 하나의 몸이고, 각 부분은 제각기 독특한 역할을 수행한다. 그러나 소그룹에는 교회 가족 내에 존재하는 넓은 범위의 은사들과 사역들이 있을 수 없다.

셋째, 소그룹은 교회가 지도받는 방식으로 지도받지 않는다. 그래서 소그룹은 교리나 행실의 문제에 대해 최종 판정을 내릴 수 없다. 이는 교회의 공인된 리더십의 책임이다. 소그룹은 주님의 만찬을 온 교회의 하나 됨을 선언하는 방식으로 집행할 수 없다.

소그룹은 그러므로 교회 생활에 굉장한 보완책이 될 수는 있지만, 교회를 대체하면 안 된다. 우리는 소그룹들을 가진 교회가 되고 싶지만, 소그룹 교회가 되고 싶지는 않다. 교회 생활의 중심은 온 교인의 집회이지 소그룹이 아니다.

목사와 장로는 남자만 될 수 있는가?

오늘날 서양 세계에서는 이런 질문을 던지는 것조차 하나의 스캔들이다. 남녀평등은 어렵게 얻은 권리이고, 남자나 여자가 할 수 있는 일에 제약을 두는 것은 그릇된 방향으로 나가는 발걸음처럼 느껴진다.

그러나 세계 전역의, 그리고 오랜 세월에 걸친 크리스천의 대다수는 목사가 남자여야 한다고 믿어왔다. 이런 여론만 봐도 우리는 잠시 멈추게 된다. 우리가 보편 교회의 절대다수보다 더 많이 안다고 생각하면 안 된다. 오히려 열린 마음으로 성경에 다가갈 필요가 있다.

성경에 다가가면 발견하게 되는 것이 있다. 바울이 장로의 역할과 요건에 관해 얘기하는 모든 본문에서 그는 한결같이 남성 언어만 사용하고 있다는 점이다. 장로는 '한 아내의 남편'이어야 한다(디모데전서 3:2). 정반대인 경우는 없다. 이는 우연이 아니다. 이와 의견을 달리하는 성경을 믿는 크리스천이 일부 있지만, 현대적 직관과 반대로 신약성경은 목사와 장로의 역할을 자격 있는 남성에게 국한하는 것이 매우 분명한 듯하다.

바울은 디모데전서에서 지역 교회의 운영 방법에 대해 말한다. 거기서 남성과 여성에 대해 몇 가지 사항을 중점적으로 다룬다.

> 여자는 조용히, 언제나 순종하는 가운데 배워야 합니다. 여자가 가르치거나 남자를 지배하는 것을 나는 허락하지 않습니다. 여자는 조용해야 합니다. 사실, 아담이 먼저 지으심을 받고, 그 다음에 하와가 지으심을 받았습니다. 아담이 속임을 당한 것이 아니라, 여자가 속임을 당하고 죄에 빠진 것입니다. (디모데전서 2:11~14)

이 본문의 몇 가지 특징에 주목하자.

1. 그 맥락은 교회 집회에서 계속 이어지는 가르침과 배움이다. 바울은 여자가 배우기를 원한다. 이는 우리에게는 자명하게 보일지 몰라도 바울의 시대에는 놀라운 일이었다. 당시에는 여자들이 많은 형태의 교육에서 자주 배제되었기

때문이다. 교회는 그와 달라야 했다. 그런데 교회의 맥락에서는 권위 있는, 가르치는 리더십은 오직 자격 있는 남자들이 수행해야 한다는 점을 바울이 분명히 한다. 바울이 여자는 조용해야 한다고 말한 것은 바로 이 영역에 관한 지침이다. 다른 곳에서는 여자들이 기도하는 일과 여러 형태의 공적 발언에 참여할 것임을 전제로 삼고 있다(고린도전서 11:5). 여성에 대한 이 제한이 가르침과 배움의 영역 밖에서는 적용되지 않는다.

2. 바울은 가르침과 권한을 서로 연관 짓는다. 이 둘은 바울이 제멋대로 골라낸 두 가지 무관한 활동이 아니다. 목사가 교회를 인도하는 주된 방법은 말씀 사역이다. 강단으로부터 교회를 지도하는 것이다. 하나님의 말씀을 가르치는 일을 통해 권위가 표현되고 드러나게 된다. 만일 목사가 결코 교회를 가르치지 않는다면, 그는 교회에 권위를 행사하는 사람이 아니다.

3. 바울이 목사직과 장로직을 남성에게 국한하는 이유는 창조 사역과 아담과 하와의 타락에 뿌리를 두고 있다. 달리 말해, 우리를 남자와 여자로 만드신 하나님의 의도와 관련이 있다는 것이다. 이는 에베소의 특수한 상황 때문에 바울

이 가르친 내용이 아니다. 이런 제한은 하나님이 계획하신 남녀의 상호관계 때문에 존재하는 것이다. 남녀 관계에 존재하는 특정한 구조가 있고, 그 구조가 적용된 것이 바로 지역 교회의 가르치는 장로들은 남자라야 한다는 것이다.

이 기본 원리('상호보완적' 견해라 불리는)에 동의하는 교회들도 이 원리를 실제로 적용하는 방식은 다양하다는 것을 언급할 필요가 있겠다. 어떤 교회들은 모든 주일 설교와 소그룹 리더십을 남성에게 국한할 것이다. 다른 교회들은 전반적인 교회 리더십의 감독 아래 여성도 이런 사역에 참여하도록 허용할 것이다. 우리가 또 유념할 점은 이는 누가 크리스천이고 누가 아닌지의 문제가 아니라는 것이다. 그리고 이것은 감정을 불러일으키는 매우 어려운 문제에 대한 짧은 대답에 불과하다. 그래서 이 이슈에 대해 당신의 교회 지도자들에게 물어보고 또 계속 글을 읽고 기도하고 생각하는 것이 필요하다. 이와 관련해 Kevin DeYoung의 『*Freedom and Boundaries*』를 추천하고 싶다.

교단은 왜 그렇게 많은가?

　신약성경은 교회가 하나가 되어야 한다고 분명히 가르친다. 예수님이 '한 목자 아래에서 한 무리 양 떼가 될 것'(요한복음 10:16)이라고 말씀하셨다. 또한, 그를 믿게 될 모든 사람이 '완전히 하나가 되도록' 기도하셨다(요한복음 17:23). 이와 비슷하게 바울도 고린도 교회에 이렇게 호소했다. "여러분은 모두 같은 말을 하며, 여러분 가운데 분열이 없도록 하며, 같은 마음과 같은 생각으로 뭉치십시오"(고린도전서 1:10). 성경은 하나 됨을 중요시한다.

　예수님이 말씀하시고 기도하신 하나 됨은 복음을 통해 이뤄지는 연합이다. 바울은 독자들에게 "성령이 여러분을 평화의 띠로 묶어서 하나가 되게 해 주신 것을 힘써 지키라"(에베소서 4:3)고 권면한다. 성령은 이미 크리스천들을 하나가 되게 했다. 교회의 역할은 그 하나 됨을 유지하고 표현하는 일이다. 따라서 이 하나 됨은 제도적인 것이 아니다. 하나님의 온 교회가 한 거대한 인간 조직의 일부일 경우에만 하나 됨을 누릴 수 있다고 생각하면 안 된다(그리고 한 조직이 있으면 그 조직이 참된 연합을 대변하거나 보장할 것으로 생각해도 안 된다).

예수님이 추구했고 성령이 이룬 하나 됨은 복음이 창조하는 연합이지 교회 조직들이 창조하는 것이 아니다.

그런데 그 하나 됨은 정적(靜的)인 것도 아니다. 바울은 이렇게 글을 잇는다. "그분이 어떤 사람은 사도로, 어떤 사람은 예언자로, 어떤 사람은 복음 전도자로, 또 어떤 사람은 목사와 교사로 삼으셨습니다. 그것은 성도들을 준비시켜서, 봉사의 일을 하게 하고, 그리스도의 몸을 세우게 하려고 하는 것입니다. 그리하여 우리 모두가 하나님의 아들을 믿는 일과 아는 일에 하나가 되고, 온전한 사람이 되어서, 그리스도의 충만하심의 경지에까지 다다르게 됩니다"(에베소서 4:11~13). 그래서 지역 교회에서의 하나 됨은 우리가 유지하고 또 도달하는 어떤 것이다. 연합은 그리스도 안에서 우리에게 주어진 것이고, 우리는 그 연합 안에서 성장해야 한다.

하나 됨이 이처럼 중요한데 어째서 그토록 많은 교단이 있는 것일까? 교회 내에서 일어난 최대의 분열 중 다수는 의견 불일치의 결과로 발생했다. 교회는 처음 천 년 동안 가시적이고 조직적인 연합을 상당히 누렸다. 1054년 이른바 동방 정교회가 서방 가톨릭교회에서 떨어져 나온 것은 교황이 교회 신조를 변경시킨 탓이었다. 16세기의 종교개혁을 계기로 제도적인 서구 교회는 여러 근본 교리의 쟁점들을 둘러싸고 프로테스탄트 진영과 로마 가톨릭 진영으로 나뉘었다. 이후에 프로테스탄트 교회들 자체가 수백 개의 그룹으로 분리되기에 이르렀다. 교단의 수가 1900년에는 천육백 개였는데 지금은 사만오천 개로 추산된다.

이 가운데 다수는 틀림없이 죄의 결과이다. 많은 교회와 운동은 인간적인 갈등, 교회 정치, 자만심, 권력, 질투 때문에 생겼다. 우리가 교회사를 살펴보다 그런 모습을 접하게 되면 당시의 크리스천들이 우리보다 덜 계몽되었거나 분열을 불가피하게 수용했던 것처럼 생각하면 안 된다. 우리는 복음을 중심으로 하나가 되기 위해 기도하고 또 일해야 한다.

그런데 이런 조직의 분열이 어느 정도는 필요하기도 했다. 어떤 교단이나 운동이 거짓 가르침에 빠지는 중이고 회개하고 돌아오라는 요청을 무시할 때는 복음의 증언과 우리 자신의 영적 안전을 위해 우리는 그들로부터 분리되지 않을 수 없다. 과거에 크리스천들이 용감하게 거짓에 대항한 결과 새로운 운동이 일어난 경우가 있었다. 그 실례로 종교개혁을 들 수 있다.

끝으로, 교단과 매우 다른 컬트(cult)의 문제가 있다. 컬트는 대체로 세 가지 특징이 있다. 예수님의 정체성에 대한 그릇된 견해를 낳는 비성경적인 가르침, 배타주의적인 견해(컬트는 그 자체를 유일하게 참된 '교회'로 보고, 그 그룹에 속하지 않는 사람은 구원받지 못한다고 주장한다), 군림하는 리더십 구조(종종 매력적인 인물이 컬트를 시작한다) 등이다. 기독교에서 탈선한 결과 형성된 컬트의 예로는 말일 성도 그리스도 교회(몰몬교), 여호와의 증인, 크리스천 사이언스 교회 등이 있다(한국에는 신천지 교회도 있다: 역주).

컬트는 있는 그대로 인식하는 일이 중요하다. 그러나 궁극적으로는, 하나님의 말씀에 계시된 하나님의 아들에 대한 믿음, 성령이 주신 그 믿음의 하나 됨을 유지하려고 애쓰는 일이 참으로 중요하다. 그리고 그 하나 됨은 우리를 오류 — 컬트의 오류이든 어느 기관의 오류이든 — 로부터 보호해준다. 그리스도께서 그의 교회를 세우고 또 보호하실 것이다.

교회 생활의 걸림돌을
어떻게 극복할 수 있을까?

5장

교회 생활이 쉽지 않은 것은 사실이다. 교회는 불완전한 사람들로 이뤄져 있다. 교회 생활의 추동력은 자기 이익이 아니다. 교회의 사명과 특성은 이 세상의 일반적인 흐름에 거슬러 가게 되어 있다. 사실 교회 생활을 어렵게 만드는 것이 종종 교회를 위대하게 만드는 것이기도 하다. 다음과 같은 권면에 대해 생각해보라.

무슨 일을 하든지 경쟁심이나 허영으로 하지 말고, 겸손한 마음으로 하고, 자기보다 서로 남을 낮게 여기십시오. 또한 여러분은 자기 일만 돌보지 말고, 서로 다른 사람들의 일도 돌보아 주십시오. (빌립보서 2:3~4)

이는 확실히 어려운 일이다. 이기적이지 않고, 남의 필요를 나의 필요보다 더 중요시하고, 회중을 자신보다 더 앞세우려면 상당한 노력이 든다. 남들에게 이렇게 하는 것이 당신의 본성에 거슬리고, 남들이 당신에게 그렇게 하는 것도 그들의 본성에 거슬린다. 이런 일은 하나같이 우리에게 자연스럽지 않다. 모든 교회는 예외 없이 죄인들 — 구원받은 죄인들이되 여전히 죄인들 — 의 모임이고, 따라서 어느 지역 교회도 완전하지 않다. 유일하게 완전한 교회는 천상의 집회이고, 그 교회는 주일 아침 11시에 모이지 않는다. 그런즉 당신이 하나님의 보좌 둘레에 모인 회중에 합류하도록 부름을 받기까지는 — 당신을 포함해 — 누구나 잘못을 저지를 수 있는 교회에 속하도록 부름을 받았다.

교회와 함께하는 것은 — 교회를 사랑하고 또 섬기면서 — 교회를 떠나는 것이나 교회에 나타나되 깊이 몸담지 않기보다 더 어렵다. 그러면 교회 생활의 걸림돌을 어떻게 극복할 수 있을까? 이번 장에서는 세 가지 걸림돌을 살펴보려고 하는데, 보통은 이 때문에 크리스천들이 교회에 신경을 쓰지 않거나 아예 교회를 떠나곤 한다. 어쩌면 당신도 그런 이유로 교회를 떠났거나 떠날 생각을 하고 있을지 모르겠다.

교회가 따분하다

솔직히 말하면 대다수 교회가 유별나다. 우리 교회에는 독수리 모양의 금 도금된 거대한 강대상이 있다. '퍼시'라 불리는 강대상은 성경 낭독을 할 때 쓰이는데, 그것을 들려면 성인 세 명이 필요하다. 우리 교단에서는 보통 하나씩 갖고 있지만 그게 무슨 뜻이 있는지 나도 잊어버렸다.

우리 교회에 처음 온 사람들이 왜 그런 거대한 독수리가 앞쪽에 있는지 물어볼 때는 무척 당혹스럽다. 나는 너무 친숙해서 별로 신경 쓰지 않는다. 이처럼 교회마다 무언가 이상한 것이 있다.

설교를 예로 들어보자. 우리 예배의 주요 부분은 일방적으로 말하는 장광설이다. 21세기 현대인이 여가 시간에 자발적으로 듣는 독백은 스탠드업 코미디가 유일한 듯하다.

그리고 대다수 설교는 유명한 코미디언이 진행하는 90분 쇼보다도 못하다는 평가를 받는다. 더군다나 이런 독백은 옛날 용어가 포함된 찬송가를 사용하기 때문에 일부 사람이 교회를 따분하게 생각하는 것도 충분히 납득할 수 있다. 어린 시절부터 교회에 다니지 않은 사람에게는 교회 생활이 무척 생소한 것이 사실이다.

당신이 교회를 지루하게 느낄 만한 다른 이유도 있다. 설교가 성경 텍스트에 바탕을 두고 있어도 미지근할 수 있다. 찬송가 가사는 즐겁고 신나는데도 슬픈 곡조로 부르기 때문에 그럴 수도 있다. 우리가 올바른 일을 따분한 방식으로 수행할 수 있다.

이런 이유들이 있어도 꼭 이 때문에 우리가 교회를 지루한 곳으로 여기는지는 잘 모르겠다. 어쩌면 우리가 올바른 것들에 흥미를 못 느껴서 그럴지도 모른다.

당신은 보통 주일 아침에 교회에서 실제로 무슨 일이 일어난다고 생각하는가? 우리는 표면 너머를 보지 못할 때가 많다. 오드리가 이번 주에 피아노를 치고, 톰이 레위기 설교를 하고, 커피가 이번에도 너무 묽다. 그러나 좀 더 깊이 관찰하면 실로 놀라운 일이 일어나고 있다. 예수님은 이렇게 약속하셨다.

두세 사람이 내 이름으로 모여 있는 자리, 거기에 내가 그들 가
운데 있다. (마태복음 18:20)

당신의 교회는 온갖 결함과 특이한 모습이 있어도 여전히
하나님이 모으셨고 그의 성령으로 임재하시는 공동체이다.
이 생각 자체가 따분하다면, 문제는 교회가 아니라 우리에게
있을지 모른다. 아마 우리는 그릇된 것에 관심이 있을 것이다.
우리는 무슨 일이 일어나고 있는지 물을 뿐만 아니라 우
리가 왜 교회에 나가는지도 물을 필요가 있다. 이미 살펴보
았듯이, 히브리서 저자는 교회에 나가는 걸 포기하고픈 유
혹을 인식하고 있다. 그리고 독자들에게 그 유혹을 뿌리치
라고 권면한다.

그리고 서로 마음을 써서 사랑과 선한 일을 하도록 격려합시다.
어떤 사람들의 습관처럼 우리는 모이기를 그만하지 말고, 서로
격려하여 그날이 가까워 오는 것을 볼수록 더욱 힘써 모입시다.
(히브리서 10:24~25)

여기서 저자가 말하지 않는 것에 주목하라. 우리가 교회 출석으로부터 얻는 것이나 얻지 못하는 것에 초점을 맞추지 않고 오히려 우리가 타인에게 줄 수 있는 것에 초점을 둔다. 교회는 당신을 소비자로 여겨 즐겁게 하기 위해서가 아니라 당신을 기여자로 여겨 교인들을 격려하게 하려고 있는 것이다. 우리의 '따분함'이 좋아하는 찬송을 부르는지, 또는 설교가 적실하거나 짧은지, 또는 우리의 가려움을 긁어주는지 여부에 달려있다면, 이는 우리의 교회 출석이 타인을 위해서가 아니라 우리 자신을 위한 것이라는 표징일 수 있다. 우리의 교회 경험은 우리가 매주 어떤 사고방식을 갖고 교회에 가는지와 관련이 많다.

물론 균형을 잡을 필요가 있다. 설교자는 당일 본문의 적용점에 대해 깊이 생각하고 다양한 부류의 교인들을 고려할 필요가 있다. 찬송은 교인들의 문화적 다양성과 전도 대상을 잘 반영할 필요가 있다. 이런 사항들을 충분히 고려하지 않을 가능성이 있기 때문이다.

다른 한편, 우리 자신을 반성할 필요도 있다. 사역 팀이 본래 해야 할 일을 잘하고 있는지 물을 뿐만 아니라 교인인 우리가 마땅히 할 일을 잘하고 있는지도 물어봐야 한다. 우리가 타인을 격려할 방법을 찾기만 하면 그들에게 미칠 긍정적 영향은 과장할 수 없을 정도로 크다. 만일 그것이 우리의 주요 목표 중 하나가 된다면, 우리가 매주 교회에서 집으로 돌아올 때 따분함이 아니라 뿌듯함을 감출 수 없을 것이다.

이런 일은 일방통행이 아니다. 그리고 하룻밤에 일어나는 일도 아니다. 그러나 우리가 교회에 따분함을 자주 느낀다면, 그 부분적인 이유가 우리가 교회로 모일 때 무슨 일이 일어나고 있는지를 잊어버렸거나 우리가 왜 교회에 모습을 드러내는지를 잊어버렸기 때문이 아닌지 물어볼 필요가 있다.

꼭 점검해야 할 일이 또 하나 있다. 우리는 교회를 위해 규칙적으로 기도하고 있는가? 이에 대한 대답은 우리가 크리스천으로서 오는지, 아니면 소비자로서 오는지를 가리키는 지표이다.

교회에서 상처를 받았다

교회가 상처를 줄 수 있다. 당신이 교회에 오랫동안 몸담고 있으면 상처를 받을 것이다. 누군가에게 달갑잖은 소리를 듣거나 믿었던 누군가에게 실망하거나 어느 교인에게 모욕을 당할 수 있다. 이 글을 읽고 있는 당신이 그토록 믿었던 사람에게 모욕을 당했다면, 당신이 교회에 가는 걸 포기하고 다시 돌아갈 생각이 없는 것을 나는 이해한다. 나중에 내가 당신에게 몇 가지 제안을 하겠지만 그런 일이 심각하지 않다고 말하고 싶진 않다. 어쩌면 이 책을 내려놓고 당신이 신뢰하는 누군가에게 그 사건을 얘기하는 게 좋을 수도 있다.

하지만 우리 대다수가 교회에서 상처받은 경험은 그보다 조금 덜하다. 엉성한 리더십에 상처를 받을 수 있다. 어떤 목사나 장로도 물론 완벽하지 않다. 교회의 최고 목자이신 하나님은 흠이 없어도 인간 목자들은 그렇지 않고 때로는 완벽함에 훨씬 못 미친다.

어쩌면 리더십이 너무 들볶고 군림하는 유형이었을 수 있다. 또는 무능해서 유익하지 않았을 수 있다. 또는 성경의 진리를 견지하지 못했을 수 있다. 또는 너무 둔감했을 수 있다. 임신할 수 없었던 부부, 오래도록 싱글로 지냈던 사람, 최근에 사별한 사람 등이 생각나는데, 모두 그런 상황에서 목사가 설교 중에 던진 경박한 말로 상처를 받았던 사람들이다. 나도 상처를 받은 적이 있다. 내가 목사로 일하던 중에도 부지중에 둔감한 말을 한 적이 몇 차례 있었는데, 이를 지적해준 인내심이 큰 교인들에게 감사할 따름이다.

우리는 다른 교인들에게 상처를 받기도 한다. 우리 모두 죄인이라 다른 사람에게 상처를 주기도 한다. 누군가 비밀을 폭로했거나 우리를 실망하게 했을 수 있다. 또는 어떤 형제나 자매가 단 한 번 또는 거듭해서 우리에게 보복했을 수 있다.

우리는 상처를 받을 때 흔히 폭언을 퍼붓거나 도망치거나 참으면서 별문제가 아닌 체한다. 이 모든 것은 효과적인 반응이 아니다. 피해를 주고받았을 때는 회개하고 용서할 필요가 있다. 둘 다 필요하다. 그러나 양자가 반드시 상호의존적인 것은 아니다. 당신은 상대방의 사과를 조건부로 용서하기가 쉽다. 상대방이 괜찮다고 말할 준비가 안 된 것 같아서 우리 편에서 사과를 유보할 수도 있다.

우리가 살펴보았듯이, 예수님은 그의 교회가 상처를 주고받는 곳이 될 줄 아시고 이런 지침을 주셨다.

네 형제가 [너에게] 죄를 짓거든, 가서 단둘이 있는 자리에서 그에게 충고하여라. 그가 너의 말을 들으면, 너는 그 형제를 얻은 것이다. (마태복음 18:15)

우리는 종종 그렇게 하지 않는다. 오히려 분노와 원한이 우리 속에 자라게 내버려 두는데, 이는 최초의 어떤 반응보다 더 심각한 죄가 될 수 있다. 속에서 계속 곪다 언젠가 폭발하기 쉽다. 그래서 원한의 싹을 잘라낼 필요가 있다. 우리에게 상처를 준 사람이 자기 행동의 결과를 보고, 사과하고, 변화할 기회를 주는 게 필요한 것이다. 교회는 다음과 같이 기꺼이 말하고 듣는 곳이 되어야 한다. "친구야, 너의 행동으로 나는 상처를 받았어 … 이 문제에 관해 얘기하고 기도할 수 있겠니?"

그러면 우리는 기꺼이 용서할 필요가 있다. 팀 켈러는 언젠가 용서란, 그 문제를 다시 하나님께, 가해자에게, 또는 우리 자신에게 꺼내지 않기로 하는 것이라고 정의했다. 이 가운데 가장 어려운 것은 마지막 경우이다.

때로는 그 문제를 해결할 방법이 없을 수 있다. 만일 교회가 도움을 주지 않거나 징계하지 않는다면 그것은 교회의 잘못이다. 슬프게도, 교회를 떠날 수밖에 없는 경우가 있다. 그러나 교회를 떠나는 것은 첫 번째 선택이 아니라 최후의 수단이 되어야 한다는 것을 말하고 싶다. 교회를 떠난다는 것은 당신 자신을 당신의 가족에서 잘라내고, 당신 자신을 당신이 속한 몸에서 떼어내는 것임을 기억하라. 그리고 떠나는 것뿐만 아니라 합류하는 것도 분명히 하라. 당신이 장차 옮길 교회, 당신이 섬기게 될 몸이 어딘지도 알아야 한다는 뜻이다.

끝으로, 과거에 교회에서 상처를 받아 교회에 다니지 않으려는 사람에게 한두 마디 더 하고 싶다. 첫째, 당신이 이 책을 읽고 있어서 나는 너무 기쁘다. 이는 비록 잠정적이라도 당신이 교회에 또 다른 기회를 줄 생각을 하고 있다는 뜻이기 때문이다. 둘째, 우리는 현실적이라야 한다. 시동을 거는 순간 곧바로 60마일로 달릴 수는 없다. 모든 것을 다 해결하고 이번 주일부터 교회에 나가기는 어려울 수 있다. 당신이 이전 교회에서 큰 상처를 받았다면 다시 사람들을 신뢰하는 법을 배우는 데 많은 시간이 걸릴 것이다.

교회로 되돌아가는 여정은 시간이 걸리겠지만 벌떡 일어

나서 한 발자국씩 옮기는 것이 필요하다. 당신에게는 교회가 필요하고, 당신이 필요한 교회가 저기에 있다. 어쩌면 당신 근처의 교회에 다니는 친구에게 말하고 작은 발걸음이라도 내딛기 시작할 수 있다면 좋겠다. 첫걸음은 예배 직전에 슬쩍 들어갔다 끝나기 직전에 슬쩍 나오는 것도 가능하다. 주일 예배에 정기적으로 참석하기 전에 그 교회에 다니는 두어 사람과 함께 기도해보는 것도 괜찮다.

당신이 어떤 발걸음을 내딛든지 쉽지는 않을 것이다. 하지만 그런 발걸음을 걷기 시작하고픈 마음이 생기기를 바란다. 이 문제를 놓고 기도하는 것도 필요하다.

교회에서 탈진되었다

교회에는 한때 열정으로 가득했다가 지금은 실망에 빠진 사람들이 적지 않다. 우리가 어떤 사역에 큰 희망을 품었다가 지금은 사기가 떨어지고 피곤해서 더는 신경을 쓰지 않을 수 있다. 또는 우리가 감당할 수 없는 일을 떠맡아서 지쳐버렸을 수도 있다. 우리가 아무리 노력해도 인정을 못 받거나 영향력이 별로 없을 수 있다. 한때는 뜨거운 열정을 품었으나 지금은 소진되고 말았다.

교회에서 살아남으려면 두 가지 실재를 동시에 유념할 필요가 있다. 교회의 인간적인 모습과 영적인 정체성이다. 이 둘을 유념하면 현실적인 입장을 유지하면서도 희망과 열망을 품을 수 있다. 따라서 냉소주의와 순진한 생각을 버려야 한다.

인간적으로 말하면, 교회는 주일마다 정기적으로(때로는 평일에도) 만나는 흠이 많은 사람의 그룹이다. 사람들은 대체로 금방 바뀌지 않는다. 사람들은 실수하기도 하고, 그런 그룹에는 긴장과 의견 불일치가 있다. 까다로운 성격들도 있다. 그래서 교회에 처음 나오는 사람이 별로 감명을 받지 못할 수 있다.

영적으로 말하면, 교회는 하나님께서 자신과 서로를 위해 모으신 그룹이다. 교인들 사이에 큰 사회경제적 차이나 문화적 차이가 존재함에도 그들은 이 세상이 내걸 수 있는 어떤 것도 초월하는 무언가에 의해 다 함께 묶여 있다.

그런즉 교회에는 삶을 나누는 진정한 공동체가 있다. 거기에는 조용히 점진적으로 그리스도에게 끌린 사람들이 있다. 조용히 점진적으로 깊은 상처를 치유 받은 사람들이 있다. 이들은 온갖 흠이 있어도 하나님이 그들에게 베푼 은혜를 기뻐하고 또 그 은혜를 세상에 보여주기 위해 다 함께 모인다. 이 교회가 무엇인지, 무슨 일을 하는지를 이 세상은 도무지 설명할 수 없다. 하나님은 틀림없이 현존하고 일하고 계시다.

우리가 인간적인 관점만 취하면 곧 냉소적으로 될 것이다. 우리가 영적인 관점만 기억하면 순진해질 것이다. 어느 관점을 취하든 우리는 환멸을 느끼게 되리라. 그래서 바울이 고린도 교회를 보듯이 우리도 우리 교회를 보는 법을 배워야 한다. 이는 바울이 개척했던 교회였다. 그가 목회했던 교회, 수년을 투입했던 교회였다. 그런데 첫 번째 편지를 쓸 무렵에는 엉망진창이었다. 분열되고, 자만하고, 부도덕하고, 신학적으로 흔들렸다. 바울이 "여러분이 모여서 하는 일이 유익이 되기보다는 오히려 해가 된다"(고린도전서 11:17)고 말할 정도였다. 교회가 얼마나 형편없었으면 차라리 주일 예배를 드리지 않는 편이 낫겠다고 했을까! 정말로 난잡한 상태였다. 인간적 관점에서 보면 바울은 완전히 사기가 꺾여야 했다.

그런데 바울은 그렇지 되지 않았다. 고린도 교인들에게

상기시키듯, 그 모든 흠과 실패에도 불구하고 그들은 여전히….

> 고린도에 있는 **하나님의** 교회 … 그리스도 예수 안에서 **거룩하여지고** 성도로 부르심을 받은 [사람들이다]. (고린도전서 1:2)(강조체는 나의 것)

그들은 끔찍한 죄를 지었지만, 예수님에 대한 믿음을 통해 하나님이 보시기에 거룩해진 — 순결하고 그리스도를 닮은 — 사람들이기도 하다. 그래서 바울은 그런 엉망진창의 상태를 외면하지 않으면서도 이렇게 말한다.

> 나는 여러분이 그리스도 예수 안에서 받은 하나님의 은혜를 생각하고, 여러분의 일로 언제나 하나님께 감사를 드립니다. (고린도전서 1:4)

바울은 그 교회를 인간적 관점과 영적 관점 둘 다에서 보기 때문에 현실적이면서도 사기가 꺾이지 않은 것이다. 그들에게 열망을 품되 그들의 죄에 놀라지 않을 수 있었다.

그들은 엉망진창이지만 하나님의 엉망진창이고, 그런 엉망진창을 똑바로 잡는 것이 하나님의 전공임을 바울이 알고 있다.

당신이 몸담은, 불완전하되 하나님이 거하시는 귀한 교회에서의 생존전략을 요약하면 이렇다. 여러분이 모이는 그곳에 누가 계시는지, 여러분이 왜 거기에 있는지를 기억하라. 그러면 교회가 전혀 따분하지 않을 것이다. 인내심을 품고, 당신이 상처를 받으면 사랑의 자세로 상대방에게 얘기하고 완전히 용서하라. 그러면 당신은 손해를 입어도 생존할 수 있을 것이다. 당신의 교회에 대한 인간적 관점과 영적인 관점을 모두 견지하라. 그러면 당신은 현실적인 감각과 열망을 모두 품을 수 있을 것이다.

어쨌든 당신의 교회는 하나의 기적이다. 다음 주일, 당신의 주변에 앉은 사람들을 보라. 그들이 거기에 있는 것이 참 놀랍다. 이번 주일에도 그들이 예수님을 믿고 있다는 것이 놀랍다. 또 한 주간 하나님이 그들에게 은혜를 베푸신 것이다. 당신이 이번 주일에도 예수님을 믿고 거기에 있다는 것도 놀랍다. 또 한 주간 하나님이 당신에게 은혜를 베푸신 것이다. 그리고 여러분이 그 모든 차이점과 의견 불일치에도 불구하고 동일한 예배당에 앉아 동일한 하나님을 섬기고 서로를 격려하고 있다는 것도 놀랍다. 이는 하나님이 그의 백성에게 은혜를 베풀고 있다는 사실을 보여주는 도구가 아닌가! 당신의 교회는 불완전하다. 그리고 이 때문에 당신의 교회는 하나의 기적인 셈이다. 교회의 불완전함은 여러분을 다 함께 불러 모은 하나님이 권능과 사랑이 얼마나 크신 분인지를 보여주기 때문에 오히려 새롭게 조망할 문제이다.

나는 어떻게 좋은 교인이 될 수 있을까?

6장

교회는 우리가 찾아가는 곳이 아니라 우리가 속해 있는 공동체이다.

어떤 교회들은 공식적인 멤버십 과정이 있어서 그 과정을 거쳐야 정식 교인이 될 수 있다. 그렇지 않은 교회들도 있다. 하지만 어느 방식이든 우리는 우리 자신을 참석자나 후원자가 아니라 지역 교회의 지체들로 봐야 한다.

이와 같이 우리도 여럿이지만 그리스도 안에서 한 몸을 이루고 있으며, 각 사람은 서로 지체입니다. (로마서 12:5)

당신은 교회 가족의 다른 지체들에게 속해 있다. 당신은 그리스도의 몸의 지체이고 그 멤버십을 지역 교회의 몸에 속함으로써 표현하게 된다.

따라서 "나는 왜 교회에 신경을 써야 하는가?"라는 질문에 대한 답변은 반드시 "나는 어떻게 교회에 신경을 써야 하는가?"라는 질문을 제기하게 된다. 내가 교회 가족에 속한다는 것이 실제로 무슨 뜻인가? 예수께서 목숨을 버릴 정도로 사랑한 사람들을 나는 어떻게 사랑하는가?

모임 참석

멤버십을 표현하는 가장 분명한 방식은 매주 정기적인 모임 참석에 우선순위를 두는 것이다. 주일 모임뿐만 아니라 수요 모임에도 그렇다. 즉, 모임에 나타나는 것이다. 참석하기로 하는 것이다. 다른 일이 없을 때만 참석하는 것이 아니다. 불편할 때에도 모임에 모습을 드러낼 것이다. 주말여행 일정도 가능하면 예배를 고려해서 짤 것이다. 날씨가 좋지 않을 때도 모임에 갈 것이다. 피곤해서 홀로 있고 싶을 때도 참석할 것이다. 우리는 기분과 상관없이 평생 매주 이런 교제와 격려가 필요하다는 것을 인식한다.

내가 중요한 무언가를 깨달았다면 그렇게 할 것이다. 내용인즉, 교회에 가는 것은 내가 거기서 무엇을 얻을지의 문제가 아니라는 것이다. 나는 다른 교인들에게 속해 있고, 따라서 그것은 내가 그들을 어떻게 격려하고 섬길 수 있는지의 문제이다. 이는 나의 초점을 바꾼다. 이제는 "교회가 오늘 나의 간지러운 부분을 긁어줄까? 그렇지 않다면 빠져도 되겠지"라고 생각하지 않는다. 오히려 "나는 오늘 교회 가족과 함께할 필요가 있어. 나에겐 몸의 다른 지체들이 필요하고 그들에겐 내가 필요해"라고 생각한다.

내가 정기적으로 참석하지 않는다면 교회 가족의 다른 지체들을 알기 어렵고 그들도 나를 알기 어렵다. 내가 이따금 모습을 드러낸다면 하나님이 임명하신 리더십의 지도를 받기도 어렵다. 우리가 교회 멤버십을 표현하는 기본 방식은 바로 모임에 참석하는 것이다.

참여

우리는 매주 교회에 모습을 드러낼 뿐만 아니라 회중의

삶에 적극적으로 참여하는 것도 필요하다. 무슨 일이 일어나고 있는지, 어떤 필요가 있는지, 그리고 교회가 현재 무슨이슈를 직면하고 있는지를 알 필요가 있다. 만일 교회가 현상황을 교인들에게 알리고 어떤 결정을 하기 위해 모임을개최한다면, 우리는 그 모임에 참석할 필요가 있다. 그것이우리 교회라면 우리는 (a) 무슨 일이 일어나고 있는지를 알아야 하고 (b) 우리의 유익과 관련이 있다고 생각해야 한다.

기도

우리는 교회의 사정을 알고 정기적으로 교회를 위해 기도할 필요가 있다. 특정한 필요와 소식을 나누는 기도회에참석할 필요가 있다. 교인들에게 제공되는 기도 제목 카드를 사용하는 게 필요하다. 교회가 파송한 선교사들을 위해기도할 필요가 있다. 그리고 동료 교인들을 위해 기도할 필요가 있다(그들이 우리를 위해 기도할 필요가 있듯이).

교회가 발간한 교인 수첩이 있다면 그것을 기도에 활용할 수 있다. 우리가 교인들을 위해 기도하면 그들에게 유익할 뿐 아니라 우리에게도 좋은 영향을 미친다. 서로를 위해 정기적으로 기도하는 것보다 소속감을 증진해주는 것은 없다. 그러면 낯선 이름들이 친숙해지고, 교인들을 위해 더 많이 기도할수록 그들을 더 많이 돌보게 된다. 만일 당신이 교회에 대한 소속감을 제대로 느끼지 못했다면 정기적으로 다른 교인들의 이름을 불러가며 기도해보라.

기도하는 방법은 여러 가지다. 매일 또는 매주 일정한 수의 교인들을 위해 기도할 수 있다. 교인이 수백 명이라도 한 바퀴 도는 데 오랜 시간이 걸리지 않는다. 대형 교회라면 당신의 구역에 속한 사람들을 중심으로 기도해도 좋다.

섬김

교회 가족에 속한다는 것은 우리 자신의 필요보다 타인의 필요를 우선시한다는 뜻이다. 그래서 바울은 빌립보 교회에 이렇게 말한 것이다.

무슨 일을 하든지 경쟁심이나 허영으로 하지 말고, 겸손한 마음으로 하고, 자기보다 서로 남을 낮게 여기십시오. 또한 여러분은 자기 일만 돌보지 말고, 서로 다른 사람들의 일도 돌보아 주

십시오. (빌립보서 2:3~4)

이는 교회의 머리이신 예수님의 본보기를 따르는 것이다
(5절). 우리는 교회 가족을 섬길 필요가 있다.

하나님께서 그리스도의 몸에 속한 모든 지체에게 은사를
주신 것은 그들이 그 몸을 섬기게 하고 또 세우는 일을 돕게
하기 위해서다.

각 사람에게 성령을 나타내 주시는 것은 공동 이익을 위한 것
입니다. (고린도전서 12:7)

우리 각자는 교회 가족에게 복이 되는 방법을 부여받은
셈이다. 우리는 교회의 필요가 무엇인지 알고, 어디서 또 어
떻게 도울 수 있을지에 대해 생각할 필요가 있다. 존 F. 케네
디의 유명한 취임 연설 대목을 각색하자면, 우리는 우리 교
회가 우리를 위해 무엇을 해줄 수 있는지 묻지 말고 우리가
우리 교회를 위해 무엇을 할 수 있는지 물어야 한다.

헌금

우리가 교회 가족의 일원임을 표현하는 한 가지 방식은 재정적인 관계를 맺는 것이다. 이는 우리의 헌신을 굳히는 방법의 하나다. 우리는 문자 그대로 우리의 돈을 내는 그 일에 투자하는 셈이다. 당신이 교회 사역에 헌금하면 당신의 마음이 그곳으로 향하게 된다.

너의 보물이 있는 곳에, 너의 마음도 있을 것이다. (마태복음 6:21)

당신이 만일 당신의 교회를 소중히 여기는 마음을 느낀 적이 없다면, 아마 교회의 필요를 채우려고 희생적인 헌금을 한 적이 없었기 때문일 것이다.

우리가 헌금해야 할 또 다른 이유도 있다. 교회가 목사를 재정적으로 지원하는 일이 옳다고 바울이 말한다.

말씀을 배우는 사람은 가르치는 사람과 모든 좋은 것을 함께 나누어야 합니다. (갈라디아서 6:6)

바울은 젊은 동역자인 디모데에게 이렇게 썼다.

잘 다스리는 장로들은 두 배로 존경을 받아야 합니다. 특히 말씀을 전파하는 일과 가르치는 일에 수고하는 장로들은 더욱 그러하여야 합니다. … "일꾼이 자기 삯을 받는 것은 마땅하다" 하였습니다. (디모데전서 5:17~18)

정기적인 헌금은 하나의 훈련이고 우리에게 유익하다. 당신에게 재정적인 자원이 별로 없을 수 있다. 그래도 매주 또는 매달 헌금을 하면 베푸는 훈련에 익숙해질 뿐만 아니라 주님의 일에 투자하는 기쁨도 누리게 된다. 바울은 헌금을 '은혜'로 묘사하는 만큼(고린도후서 8:7), 우리가 전혀 헌금하지 않는다면 가장 큰 것을 놓치게 될 것이다.

순종

히브리서의 저자는 우리에게 이렇게 말한다.

여러분의 지도자들의 말을 곧이듣고, 그들에게 복종하십시오.

그들은 여러분의 영혼을 지키는 사람들이요, 이 일을 장차 하나님께 보고드릴 사람들입니다. 그러므로 여러분은 그들이 기쁜 마음으로 이 일을 하게 하고, 탄식하면서 하지 않게 해 주십시오. 그들이 탄식하면서 일하는 것은 여러분에게 유익이 되지 못합니다. (히브리서 13:17)

우리가 몸담은 문화는 갈수록 더 권위를 의심하고 분개한다. 어쩌면 세상의 지도자들이 우리의 유익을 거의 생각하지 않는다는 사실을 알기 때문일 것이다. 따라서 누군가 우리를 다스리는 영적 권위를 갖고 있다는 생각, 더구나 우리가 그 권위에 순종해야 한다는 생각은 받아들이기가 어렵다. 하지만 이는 우리를 하나님의 백성으로서 번성케 하려고 하나님이 설계하신 구조이다. 즉, 우리 위에 두신 지도자들을 우리가 존경하고 순종하는 것이다.

그렇다고 우리가 그들의 모든 말에 동의할 것이란 뜻은 아니다. 우리 교회가 어떤 것에 대한 정책을 갖고 있고 또 그 정책이 성경과 상충하지 않는다면, 우리는 그 정책에 순응해야 한다. 교회 지도자들은 그들의 감독 역할에 대해 하나님께 책임을 진다는 것을 알기 때문이다. 그들은 그 역할을 가볍게 여기면 안 되고, 따라서 우리도 마찬가지다.

우리가 지도자의 권위를 인정하고 순종하면 그들은 기쁘게 일하고 부담을 느끼지 않을 것이고, 이는 거꾸로 우리에게 복이 될 것이다. 물론 우리는 의견을 달리할 수 있고 또여러 이슈에 대해 철저히 논의할 수 있다. 그러나 우리는 지도자들에게 순종하도록 하나님의 부름을 받았다. 만일 우리가 그들과 동의할 때나 우리 마음에 들 때만 순종한다면 그들의 지도를 허용하지 않는 셈이고, 이는 하나님의 지도를 허용할 생각이 없다는 뜻이다.

신실한 목회 사역은 만만찮은 일이고, 목사는 교인들의 격려가 필요하다는 점을 기억하라. 최선의 격려는 목사들을 위해 정기적으로 기도하는 것이다. 우리 교회의 특정한 교인들이 목사들과 우리 사역을 위해 매일 기도한다는 사실은 나에게 엄청난 영향을 미친다. 그런즉 당신의 목사를 위해 자주 기도하고 그에게 그 사실을 알려주라. 토요일 저녁이 기도하기에 최적의 시간이다. 토요일 저녁은 여전히 설교 준비를 하는 중이거나(설교는 집필처럼 항상 개선될 수 있기 때문에 그 준비가 완벽하게 끝날 수 없다), 주일에 다룰 어려운 문제로 고심하거나, 예배 순서를 맡은 누군가 사정상 나올 수 없다면

긴급 조치를 취해야 할지 모르기 때문이다. 그래서 토요일
은 목사와 교회, 그리고 당신 자신의 주일 준비를 위해 기도
하기에 가장 적합한 날이다.

그리고 목사가 돌봄을 잘 받고 있는지 확인하는 것도 교
인들의 책임이다. 이미 살펴보았듯이, 교회는 목사를 재정
적으로 지원해야 한다. 그런데 목사가 가족 및 친구들과 충
분한 시간을 보내는 등 균형 잡힌 삶을 영위하고 있는지 확
인할 필요도 있다. 할 일이 항상 넘치기 때문에 많은 목사가
과로하기 쉽다.

우리는 또한 목사 역시 교회 멤버라는 사실을 기억해야
한다. 그래서 다른 사람처럼 목회적 돌봄이 필요하다. 크리
스천다운 삶을 살려고 하면 싸움이 있기 마련이다. 내가 언
젠가 한 교인에게 경건 생활이 힘들어 한동안 씨름하고 있
다고 말했더니 그 교인이 충격을 받는 모습을 보았다. 우리
는 목사들이 우리와 다름없는 크리스천임을 유념할 필요가
있다. 그들을 높은 자리에 올려놓지 말고 그들은 저절로 경
건한 삶을 잘 영위할 것으로 생각하지 말고, 오히려 그들 곁
에 서서 그들을 격려하고 지지하고 사랑할 필요가 있다는
말이다.

헌신

이 모든 것을 요약하는 단어가 있다면 바로 헌신(devotion)이다. 이는 이미 살펴본 것이다. 누가가 사도행전 2장에서 초기 교회의 모습을 개관할 때 이 단어를 사용했다(새번역은 '몰두하다'로 번역함). 그들은 가르침을 받고, 서로서로 교제하고, 기도를 통해 하나님을 가까이하는 일에 헌신했다고 한다. 이런 것들은 그들이 그저 동의만 했던 교회 생활의 측면이 아니었다. 냉담한 책무를 넘어서는 것이다. 그것은 마음의 문제였다. 마음으로 헌신했다는 뜻이다.

이는 힘겨운 일처럼 들린다. 사실 그렇다. 헌신은 소파에 느긋하게 앉은 모습을 그리는 단어가 아니다. 우리의 시간을 사용하고, 우리의 은사를 내어주고, 우리의 감정을 쏟는 등 우리 자신을 쏟아붓는 것을 말한다. 하나님의 교회 안에 우리가 헌신할 만한 무언가 — 하나님 나라의 대사관, 하나님 백성의 가족, 주 예수의 신부 — 가 있다고 보기 때문에 기쁘게 그렇게 하는 것이다. 그것이 힘겨워도 기쁜 일이라 우리가 즐겁게 헌신할 수 있는 것은 교회가 무엇인지, 교회가 누구의 것인지를 기억하기 때문이다.

사도 요한이 자기가 돌보는 교회들에 첫 번째 편지를 쓸 때 애정 깊은 표현을 반복해서 사용했다. 그들은 단지 그의 동료가 아니라 그의 사랑하는 사람들이었다(요한일서 2:1, 한글 번역판에는 생략됨). 그리고 그들이 그의 사랑하는 사람들이었던 것은 그들이 그리스도의 사랑하는 사람들이었기 때문이다. 우리가 일단 교회를 향한 그리스도의 깊은 애정을 이해하면 우리도 그 애정을 공유하지 않을 수 없다. 그래서 헌신하게 되는 것이다.

교회는 미래가 있는가?

서양 세계가 점점 더 세속화되면서 흔히들 조직화된 종교, 특히 기독교의 몰락을 예견하곤 한다. 일부 진영에서 교회 출석이 줄어드는 현상이 바로 교회가 사라져 가는 지표라고 말한다.

많은 주류 기독교 교단들의 교인이 대폭 감소하고 있는 것은 사실이다. 그러나 대체로 이런 몰락은 신학적 자유주의에 수반해 일어났다. 성경을 믿는 교회들은 수적으로 좀 더 건강한 편이다. 모든 곳의 모든 교회가 내리막길을 걷고 있는 것은 아니다. 최근에 누군가 트위터에 "교회가 내리막길을 걷고 있다고 말하는 것은 아시아에서 비가 내리고 있다고 말하는 것과 같다"는 글을 올렸다. 이는 항상 어딘가에는 해당하지만 모든 곳에 해당하진 않는다는 뜻이다.

더 중요한 점은 성경이 교회의 미래에 대해 여러 약속을 내놓는다는 사실이다.

성장 예수님은 "나는 이 반석 위에다가 내 교회를 세우겠다. 죽음의 문들이 그것을 이기지 못할 것이다"(마태복음 16:18)라고 말씀하셨다. 교회는 그분이 계속 수행하는 건축

프로젝트라는 뜻이다. 그분은 교회를 성장시키고 강화할 의도를 품고 있다. 따라서 교회가 조만간에 사라질 가능성은 없다.

역경 언제나 주변 문화의 반대와 교회 내부에서 오는 유혹이 있고 그 배후에는 사탄이 서 있을 것이다. 예수님은 세상이 그를 미워할 터이므로 그의 사람들을 미워하는 것도 당연하다는 점을 상기시키신다(요한복음 15:18). 교회는 성장하겠지만 교회를 섬기는 삶은 단연코 쉽지 않을 것이다.

영광 교회의 최후 모습을 그리는 대목은 성경 마지막에 나온다. "나는 또 거룩한 도성 새 예루살렘이, 남편을 위하여 단장한 신부와 같이 차리고, 하나님께로부터 하늘에서 내려오는 것을 보았습니다"(요한계시록 21:2). 교회는 하늘이 완전케 한 사람들, 예수 그리스도에게 완전히 사로잡힌 사람들의 공동체로 묘사되어 있다. 특정한 회중들과 교단들에 장차 많은 기복이 있을지라도, 이것이 교회의 궁극적 미래이다!

무슨 일이 일어나고 있는가?

결론

내가 성경을 겨드랑이에 끼고 공원을 가로질러 갈 때 아무도 나를 주목하지 않는 것 같았다. 그들은 교회 예배가 곧 시작될 것임을 몰랐을 것이다. 그들이 모르는 가운데 우리 예배는 진행되었다.

그러나 누군가 우리가 행하는 일을 지켜보고 있었다. 실은 많은 이들이….

그것은 이제 교회를 통하여 하늘에 있는 통치자들과 권세자들에게 하나님의 갖가지 지혜를 알리시려는 것입니다. 이 일은,

---

하나님께서 우리 주 그리스도 예수 안에서 성취하신 영원한 뜻을 따른 것입니다. (에베소서 3:10~11)

하나님의 백성이 모일 때는 영적인 세계가 지켜보고 있다. 여러분은 볼 수 없지만, 여러분이 이번 주일에 모일 때 영적 권세들 — 하나님께 충성하는 이들과 반대하는 이들 — 이 여러분을 바라볼 것이다. 그리고 그들은 우리 교회의 어떤 면에 우리가 감동하거나 실망하는지는 알아채지 못할 것이다. 그들은 강단과 음향 장치, 주차장과 밴드, 또는 고장 난 난방기구, 벗겨진 페인트, 묽은 커피와 낡은 오르간에 영향을 받지 않을 것이다.

그들은 그 대신 거기에 모인 사람들에게 감명을 받을 것이다. 그토록 다양한 사람들이 주 예수께서 그들을 사랑하고 그들을 위해 죽으셨다는 것을 알기 때문에 다 함께 앉아서 서로 사랑하는 모습에 감동할 것이다. 교회는 바로 하나님께서 영적인 영역에 그분의 지혜를 전시하는 통로이다. 교회를 통해 하나님은 복음의 능력과 아름다움을 보여주신다. 우주의 다른 어떤 것도 그토록 다양한 사람들을 새로운 인류로 융합시킬 수 없다. 오직 예수님의 인격과 사역만 이 일을 할 수 있다. 교회가 예배하려고 모일 때 — 댈러스, 두바이, 델리, 서울 등에서 — 그리스도의 주권이 다시 한번 영적인 영역 전반에 플래카드처럼 게시되고 있다.

왜 교회에 신경을 쓰는가? 우리 도시에서 가장 중요한 볼거리이기 때문이다. 교회가 모일 때 일어나는 일은 우리가 생각하는 것보다 훨씬 더 장대하다.

교회는 하나님의 가족이다.
교회는 이 세상에 존재하는 하나님의 대사관이다.
교회는 영적인 세계에 설파하는 하나님의 통로이다.
교회는 다음 세상에서 예수님과 함께 살 그분의 신부이다.

그리고 하나님의 큰 자비 안에서, 그리스도에 대한 믿음을 통해, 당신은 교회의 일부가 되고 또 하나님이 교회를 세우시는 일에 참여하는 일원이 된다. 당신이 다음 주일에 일어날 때 이 점을 기억한다면 어느덧 **"도대체 내가 교회에 신경 쓰지 말아야 할 이유가 있는가?"**라고 묻게 되리라.

코비드 19 상황 종식 이후 교회의 존재와 삶

부록

유태화 교수

백석대학교 신학대학원, 조직신학

코비드 19 상황에서 자유로운 교회는 한국뿐만 아니라 세계 그 어느 곳에서도 찾아볼 수 없다. 정상적인 상황에서 교회적 삶을 꾀하던 구조에서 비대면 상황이라는 새로운 상황을 직면하지 않을 수 없게 되었다는 점에서 문제 상황을 공유하기 때문이다. 선교도, 교육도, 봉사도, 예배도 비대면 상황으로 전환되는 상황을 불가피하게 맞이한 것이다. 크고 작은 교회를 막론하고 많이 힘든 상황에 처해 있다.

이런 상황의 빛에서 코비드 19 상황 이후를 모색하는 교회적인 움직임이 없지 않다. 학회 차원에서나 교회 교육의 차원에서나 목회자의 차원에서나 그 이후의 삶이 무엇이어야 할지 논구하고 대안을 찾아서 부산하게 움직이는 모습이 감지된다. 그저 표면적으로 볼 때 비정상의 종식과 정상의 회복을 꾀하는 쪽이 대부분으로 보이지만, 아예 비정상의 정상화를 꾀하는 쪽으로 선회하는 흐름도 엿보인다. 코비드 19 상황이 지속되는 그 사이 누군가는 재빠르게 가상환경 (Virtual circumstances)을 목회적으로 차용하여 난국에도 불구하고 가상회원을 받아들여 성장하는 목회를 꾀하는 전략가들도 없지 않다.

누구나 경험했듯이 코로나 19 상황의 초기에는 당황스러움의 연속이었고, 적응하기 위한 몸부림에 휘둘리곤 했었다. 그러나 일 년여의 시간이 지나면서 초기의 당혹스러움은 심리적으로나 실제적으로 많이 극복된 것으로 보인다. 여전히 두려움이 삶의 언저리를 배회하고 있지만, 비교적 잘 적응하고 있다는 생각이 든다. 사회적으로도 중소기업 기반의 제조업 쪽은 아우성치지만, 대기업 쪽은 예상외의 선전으로 기업 이윤을 극대화하고 있기도 하다.

무엇보다도 최근 들어서는 백신의 양산이 초미의 관심사로 대두되었다. 러시아나 중국에서는 자국 백신을 자국민을 대상으로 상용화하였으나, 대외적인 신뢰도가 그리 높지 않았다. 그러나 최근 미국과 유럽에 모회사를 둔 화이자(Pfizer)에서의 백신 3상 실험 통과에 대하여는 기대가 커지는 것으로 보인다. 게다가 모더나(Moderna)에서 개발한 백신은 3상 중간보고에서 94.5%의 효과를 보인다고 하며 12월부터 접종한다고 한다. 어느 정도의 부작용이 없지는 않겠으나 감염 시 중증전환 위험성에서 그리 멀지 않은 노인 세대부터 접종을 꾀하면서 예후를 관찰하다 보면 상용화의 안전성이 확보되지 않을까 예상하는 것으로 보인다.

　이렇게 글을 전개하는 속내는 이것이다. 코비드 19 상황의 큰 흐름이 내년 말이면 변화된 흐름을 타게 될 것으로 예상된다는 점이고, 이로써 교회가 직면한 새로운 상황이 비정상의 정상화로 단순히 수렴되지 않을 것으로 예상된다는 것이다. 따라서 큰 흐름이 전환되기 전까지는 비정상을 견디는 일이 일어나야 하겠으나, 큰 흐름이 형성되고 나면 어떻게 할 것인지에 대하여 섣부른 예단을 가지고 교회의 구조를 전환하려는 시도를 하는 일에 대하여는 충분히 조심스러워야 한다는 말이다. 비정상적인 상황은 비정상적인 것으로 마감해야 한다는 것이다.

더 적극적으로 말하자면, 이런 기저에서부터 대안이 모색되어야 하지 않을까 싶은 것이다. 우선, 교회를 가상적(virtual)인 무엇으로 다시 정의하려는 일에 대하여 중단해야 한다. 교회는 "성도의 사귐"(communio sanctorum)을 본질로 삼는다. 성도의 교제는 인격적이고 실제적인 사귐을 근간으로 한다. 예배, 교제, 양육, 봉사라는 축이 구현되는 실질적인 사귐의 공동체가 바로 종말론적인 하나님의 백성의 모임으로서 교회이기 때문이다. 인격적이고 실제적인 사귐을 통하여 그리스도 예수의 장성한 분량의 충만한 자리에로 성장해야 하는 종말론적인 공동체가 교회인 것이다.

다음으로, 예배는 단순히 설교의 효율적인 전달이라는 축소된 행위로 이해되어서는 안 되고, 그리스도 예수와 인격적인 사귐을 가진 사람들의 모임으로서 객관적인 실체여야 하고 동시에 주관적인 소통을 근간으로 하여 운집하는 구체적인 회중과 함께 드려져야 한다. 소통의 방식으로서 다양한 기자재가 예배에 활용될 수 있으나, 기술이나 장비가 예배를 대체하는 기자재로까지 등장해서는 안 된다. 여전히 그리스도 예수와 인격적인 사귐을 가진 사람들의 회집으로서 예배가 구현되어야 한다. 코비드 19 상황이 종식된 이후에도 이것은 양보할 수 없는 가치인 것이다.

마지막으로, 모임으로서 교회는 지역 사회 내에서 이루어지는 구체적인 회중이어야 한다. 모든 교회는 지역 사회의 구성원으로서 존재해야 한다. 동네를 비추는 빛(?)으로 동네를 지키는 소금(?)으로 존재해야 하는 "존재로서의 교회"가 구현되어야 한다. 한국 교회는 이 지점을 거의 상실하고 있지 않은가 싶은데, 교회의 삶은 지역 사회의 구성원으로부터 검증되어야 한다. 이것이 예수께서 드러내신 교회의 사회적인 차원인 것을 중요하게 인식하고 받아들여서 구현할 수 있어야 한다. 이것이 대안적인 양상(alternative formation)을 갖든, 대조적인 성격(contrast formation)을 갖든 좌우간 구현되어야만 한다.

이것이 교회를 떠올릴 때, 버리지 말아야 할 가치라면,

이런 근간에서 코비드 19 상황이 종식되고 나면 교회는 자신의 모습을 조금 새롭게 단장해야 하지 않을까 싶다. 이것이 코로나 19 바이러스를 통하여 교회에 주어진 하나님의 권면이 아닐까 싶기 때문이다. 특별히 한국 교회의 상황에서 무엇보다도 1-7부까지 이어지는 예배를 1회로 한정하기로 방향을 정하면 좋겠다. 전국의 교회가 함께 논의하여 주일마다 1회의 예배를 정한 시간에 일제히 드리면 좋을 것으로 보인다. 오전 9시 정도면 어떨까 싶다. 성도의 교제라는 교회 본질이 실제로 구현되는 교회로 이참에 전환하자는 것이다.

보다 세부적으로 언급할 필요가 있을 것인데, 가정 단위의 세 세대가 함께 참여하여 두어 시간에 걸친 인격적이고 참여적인 예배를 뭉근하게 드리고 나면 전체 회중을 대상으로 한 주일학교가 실행되면 좋을 것이다. 현재 실행하고 있는 주일학교뿐만 아니라 청장년을 위한 주일학교도 제공하는 것이 좋을 것이다. 전체 회중의 신앙 성장을 고려하여 교제를 포함한 양육공동체를 형성하고 주일 강단을 통하여 선포된 말씀을 더욱 깊이 묵상하도록 돕는 양육 중심의 교육 자료와 함께 참여하도록 도와 전 회중의 신앙 성장을 도모하면 어떨까 싶다. 설교는 복음을 근간으로 하고, 양육은 그런 복음의 적용을 시대적인 이슈와 함께 펼쳐가는 방향으로 구별하여 이끌어내면 더 좋을 것이다. 예배와 양육과 교제와 봉사라는 차원이 유기적으로 엮여서 어우러지도록 말이다.

교회의 이런 결정은 대형교회의 자기 축소로 나타날 것이고, 소형교회의 정상화로 이어질 것이다. 지나친 불균형의 교회 현실이 코로나 19 바이러스의 출몰로 인하여 적나라하게 드러나지 않았는가 싶다. 무엇을 어떻게 해결할 것인가에 대한 생각을 요구하였고, 그 요구에 부응해야 하는 부담을 기꺼이 걸머져야 하지 않을까 싶다. 성도 상호 간의 실제적이고 인격적인 사귐이 가능한 1회의 예배 모임은 자연스럽게 대형교회 지체들의 흩어짐을 요구할 것이고, 이렇게 흩어지는 교회는 자연스럽게 동네의 교회로 흡수되도록 길 안내를 잘해야 할 것이다. 이것이 사실은 한국 사회 내에서 크고 작은 교회가 평균케 됨을 통하여 하나님 나라를 이루는 길이고, 이 길 위에서 서로 융합되는 상생의 활로를 열

어젖힘으로써 한국 교회 생존뿐만 아니라 성장의 제3의 길을 열 수 있을 것이다.

이렇게 함으로써 자연스럽게 교회가 지역 사회 내에서 하나님의 백성으로서의 삶의 신비를 인격적인 사귐의 맥락에서 짊어지게 되고, 이로써 교회가 사회 속에서 구현해야 하는 그리스도 예수의 인격성, 즉 사회로 하여금 그리스도 예수 안에서 계시된 하나님을 교회를 통하여 건강하게 드러내고, 그 하나님의 부성과 너른 품 안에서 실제적인 이웃의 실현이 이루어지는 길이 모색되어질 것이다. 이런 삶은 자연스럽게 교회의 품이 넓어지고 찾는 발걸음이 잦아지는 결과를 낳을 것이다. 이것이 바로 교회를 이 사회에 두신 하나님의 뜻을 실현하는 길이 아닐까 싶다. 이런 차원의 삶이 구현될 때, 시사 고발 프로그램의 대상이 아니라, 사회문화의 건강한 형성자로서 등장하는 일이 일어나지 않을까 싶다.

누구나 인정하듯이 한국 교회는 모이기를 힘쓰는 대표적인 교회였고, 사실상 이런 모습은 귀한 일이다. 그러나 이참에 한번 돌아보아야 할 지점도 없지 않다. 새벽예배, 수요기도회, 금요기도회와 같은 것으로 모임을 확대하지 말고, 주일을 중심으로 예배, 교제, 교육, 봉사를 집중해보자는 것이다. 예배의 횟수보다는 내용에 집중해보는 것이다. 코비드 19 상황에 직면하여 회중이 이 상황이 종식된 이후에도 왜 대면 예배 그 자체를 포기하려는 움직임을 보이는지에 대하여 목회자는 깊이 성찰할 필요가 있다. 한국 교회의 경우 예배 과잉으로 언급되곤 하는 잦은 횟수보다는 예배의 질에 집중하는 일이 필요하다는 것이다. 주님은 엿새 동안은 힘써 네 모든 일을 하라고 권면하였고, 하루를 회집할 것을 요구하였다.

조금 더 부연하자면, 회집하되 주일성수라는 표현을 통하여 의도하는바 원래의 취지인 온전한 주일을 누리도록 해야 한다는 것이다. 장로교회의 경우, 주일은 예배하고, 서로 돌아보아 사랑과 선행을 격려하며, 안식하는 날로 누리도록 권면하고 있다. 교회의 전통을 따라서 주중에 일 회 정도 소그룹중심의 모임을 하도록 독려하고 그 안에서 사귐과 봉사와 기도가 함께 어우러지도록 하면 좋을 것으로 보인다. 어떤 이름이나 형태로 모임을 할 것인지는 이차적인 관심사이지만, 좌우간 더 깊숙하게 소통하고 그 안에서 전인격적인 사귐이 하나님과의 관계에서뿐만 아니라 사람과의 관계에서 구현되도록 도와주는 모임은 꼭 형성되어야 한다.

충분히 예상되는 것처럼, 코비드 19 상황은 조만간 종식될 것이다. 비정상적인 상황이 정상적인 상황으로 전환되는 것이 아니라, 비정상은 비정상으로 남게 될 것이다. 코비드 19 상황으로 인하여 활성화되었던 비대면이나 이에 수반되는 영상 기반의 예배는 아예 종식되어야 한다. 이 년여의 짧은 비대면의 경험이 교회의 경험 안으로 어느 정도 유입될 수 있을 것이나, 성도의 사귐으로서의 교회의 본질을 대체하는 방식으로 삶의 구조 전환이 이루어지지는 않아야 할 것이다. 코비드 19 상황을 계기로 한국 교회가 자신을 돌아보고 하나님의 뜻에 부합하는 공동체로서의 교회로 전환되는 용단을 내렸으면 좋겠다.

특별히 대형교회의 목회자는 자기 목회를 돌아보고, 자기 목회를 바꾸는 계기로 삼아야 할 것이다. 단순하게 비대면 상황의 누적된 경험을 반추하고 4차 산업 기반의 최첨단화라는 차원에서의 논의에만 머물 것이 아니라, 코비드 19 상황에서 경험된 그리고 성찰한 한국 교회의 구조 문제에 더 깊숙하게 관심을 기울이고 전향적인 답을 찾아가는 일에 교회 문화를 선도하는 교회 지도자들의 전향적인 참여가 있어야 하지 않을까 생각한다. 하나하나의 교회도 중요한 관심사여야 하지만, 한국 사회 내에 실존하는 교회는 궁극적으로 상호 관계성 안에서 서로를 격려하며 삶을 모색해야만 한다는 중요한 교훈을 피할 수 없이 직면했기 때문이다. 함께 격려하며 갈 수 있는 길이 무엇일까? 당회에서 노회에서 그리고 총회 차원에서 논의되고 의견이 수렴되어야 한다. 문제의 해결은 해결할 수 있는 지위에 있는 자들의 솔선수범을 통해서만 가능하다.

150여 년 전 프랑스의 어느 성경학자가 되뇌었던 "그리스도 예수께서 선포하신 메시지는 하나님 나라의 도래였는데, 왜 교회가 등장하였는가?"라는 물음을 목회자는 깊이 묵상해보아야 한다. 그는 어그러진 마음으로 제기한 질문이지만, 구속사의 진전을 고려할 때 실상은 그렇지 않다고 생각한다. 왜냐하면, 교회를 통하여 하나님의 나라가 자연스럽게 드러나는 구조로 그리스도 예수의 선포가 전개되었기 때문이다. 지역 교회를 목양하는 목회자 각 사람은 그리스도 예수께서 교회를 통하여 의도하신바, 하나님의 나라를 드러내는 일에 마음을 모아야 한다. 하나님 나라를 염두에 둘 때만 개교회 성장주의라는 왜곡된 열정을 떨쳐내고 서로를 돌아보아 사랑과 선행을 격려하며 서로 상합하고 연락하는 그리스도 예수의 장성한 분량의 충만한 몸에로 성장하는 한국 교회를 꾀할 수 있기 때문이다.

.

교회, 나에게 필요한가?

초판 1쇄 인쇄 2020년 12월 14일
초판 1쇄 발행 2020년 12월 21일

지은이 샘 올베리
옮긴이 홍병룡
펴낸이 정선숙

펴낸곳 협동조합 아바서원
등록 제 274251-0007344 (**최초등록일** 2005년 2월 21일)
주소 서울시 영등포구 도림로139길 8-1 3층
전화 02-388-7944 **팩스** 02-389-7944
이메일 abbabooks@hanmail.net

©협동조합 아바서원, 2020

ISBN   979-11-90376-33-4 (03230)
잘못 만들어진 책은 구입한 곳에서 교환해 드립니다.